① 第2回澄和Futurist賞 授賞式にて（左から）村石久二澄和理事長、山田洋次さん、津端英子さんと一緒に（2017年）

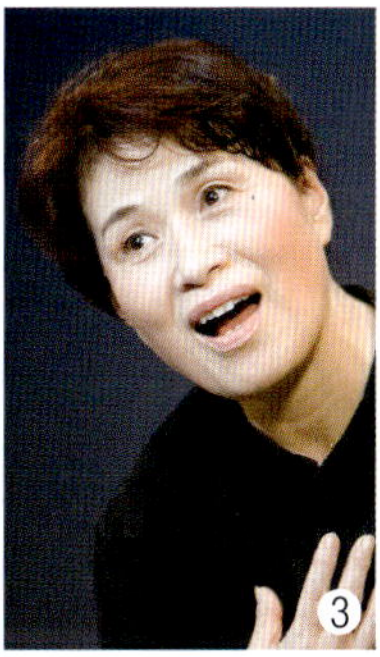

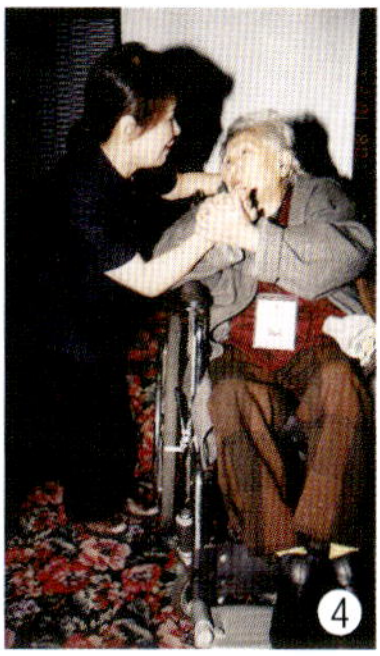

②③ 舞台から

④ 車いすの養父母さんと（2008年、ハルビン）

⑤ 食い入るように日本の紙芝居に見入るカンボジアの子どもたち

⑥

7

⑧

⑥ 公演（2008年、ハルビン龍江劇場）

⑦ 交流会にて、号泣する残留孤児の方

⑧ 西南ウーマン2018を受賞

⑨ 桂川きみさんと4代にわたる親族が公演後壇上に（2015年、安徽省合肥）

⑨

忘れえぬ人たち

「残留婦人」との出会いから

神田さち子 著

日本僑報社

目次

第三章　いざ、中国へ――57

はじめに

いつものように照明がゆっくりと落ちていき、つづいて幕が上がると、錦江湾を望む桜島を背景に、雲がたなびく紺碧の大空。

舞台中央には、腰をかがめて立つおばあさんにスポットが当たる。

六十年ぶりに祖国日本へ帰国したおばあさんは、故郷鹿児島の桜島をしみじみと仰ぎ見ながら、自分の半生を語り始める。

ひとしきり語り終ると舞台は一転、耳をつんざくような戦闘機の轟音が会場に響き渡る。

――緊急事態発生！　緊急事態発生！

轟音にかぶせてセリフを叫ぶ……

ひとり芝居『帰ってきたおばあさん』はこうして始まります。

戦後の混乱期、中国大陸に置き去りにされた女性や子供たちを「残留婦人」、「残留孤児」と呼びます。この言葉を聞いて、どれだけの人がお分かりになるでしょうか？

『帰ってきたおばあさん』は、とある残留婦人の半生を描いた作品です。私はこの舞台を一九九六年から二十年以上にわたって、二百回近くも演じ続けてきました。

前著『あなたに伝えたくて』にも書き記しましたとおり、私は元々プロの役者でもなんでもない、ごくフツウの家庭人でした。しかも本公演の舞台初演が五十三歳の時。いまさら商業演劇を始めるような歳でもありませんでした。

その「フツウのおばさん」が、あるきっかけから「語り」の世界に足を踏み入れ、その後ある方々との出会いから『おばあさん』を演じることとなり、さらにさまざまな人たちとの出会いや交流、見聞と体験を経て、二十年以上も同じ舞台に立ち続けることとなる――この本をひとことでまとめてしまうとそんな話になります。

時代は昭和から平成に移り、そしていま「令和」へと移行していく中、先の戦争の記憶や貴重な生き証人たちは次々とお亡くなりになっています。

終戦直後、「今度こそは世界平和を！」と心から願ったはずなのに、戦争も、核兵器も、一向になくなりません。

一方で、大昔から交流してきたはずの隣国たちとも上手くつき合うことができず、無用な警戒心ばかりを募らせる日本という国の現在があります。

私たちはいったい、あの戦争でなにを学んできたのでしょうか？

国策におどらされてなにも知らずに満州に渡り、「お国のため」「東洋平和のため」と固く信じて「開拓」に加わっていたのが、戦後になって実は「侵略戦争」に加担させられていたのだと知った時の衝撃を、私たちはどうしてやすやすと忘れ去ってしまうのでしょう？

ましてや、現地に置き去りにされた女性や子供たちが高齢化する中、国家や時代の趨勢や世論といった「大きな力」に抗うことなく、疑問や批判の目を置き去りにして安易に雷同することの恐ろしさと愚かさを、どのようにして次の世代に引き継いでいけばいいのでしょうか？

そうした数々の想いがこの本を書き記すゆえんでありますし、私が『おばあさん』を演じ続ける理由でもあります。

でも誤解しないでいただきたいのは、この本は決して戦争の悲惨さや苦しみばかりを綴ったものではありません。さまざまな人との出会いや交流、そこから生まれる感動的な言葉の数々をどうしたらみなさまと共有できるか、そんな気持であふれています。

『おばあさん』を初めて中国で公演した時のこと。

この作品は残留婦人の物語ですから当然、被害者としての日本人が描かれているわけですが、これを真の意味での被害者である中国という国で公演するということは一体どういう意味を持つのか？　石でも投げつけられるのではないか……正直そんな心配すら公演前にはあったのです。

ところが開演後、あちこちからすすり泣きが聞こえてくるではありませんか。さらに終演後は、多くの観衆から握手を求められ、熱いメッセージも多数寄せられました。そこには国境も、ましてや「歴史認識」みたいな難しい概念もなにもありません。あるのはただ「日本という国もまた戦争の被害者だったのだ」というとても素朴な驚きでしょう。それはつまり、国や、民族や、時代や歴史までも飛び越えた、ひたすら人間としての純粋な驚きだと思うのです。中国の方々のそうした純粋な驚きをみなさんと共有することができれば、こんなにすばらしいことはありません。

最後に、感動的な言葉をひとつ。

中国でも戦後は折から始まった「国共戦争」の影響もあり、国中がたいへんな混乱にみまわれました。そんな中、かっての敵国だった日本人の子ども、つまり「残留孤児」を引き取ってわが子のように育てた中国人養母さんの言葉です。

「どうして敵国の子供をあの混乱期に引き取ったのか?」と聞かれて答えた言葉。

——目の前の命に、敵も味方もありません。

この本が、広く、多くの方々に、手に取っていただき、さらに多くの方々と共有いただけますよう、心から願っています。

第一章

「語り」の世界へ

「フッウの家庭人」だった私がどうして「語り」ということに興味を持ち、この世界に入っていくことになったのか——そこにはある種の危機感のようなものがあったからです。

このあたりの事情は私の一冊目の著書『心のはらっぱ』（萌文社、一九九三年）とも重複しますので、ここでは簡単に振り返ることにします。

電車の中で

ある日のこと——

昼間の電車の中はシーンと静まり返っていました。朝のラッシュ時を想像してそそくさと電車に乗り込み、席に座ってホッと一息つきながらあたりを見まわすと、ほとんどが頭を垂れているように見えます。相手はどうやら一〇センチくらいの小さな液晶画面。液晶独特の光線と、ピコッ、ピコッと響く電子音はどうやら、老若男女を虜にするよう。これが現代のコミュニケーションなのでしょうね。

前席のおばあさまは年のころ米寿すぎでしょうか。ところが指先はなんと、小さな液晶画面をスースー往復しているではありませんか。隣席の娘さんが時折チラリと見やってはいましたが……。同じ席の一番端に座る学生さんは突然「ケッ、ケッ」と笑い声をたてたりしています。ゲームでもしているのかな。

スマホを持たない私には、みなさんが平気で操るその技が「妙技・凄腕」に見えてしまい、ただ見入ってしまうばかり。私なりに時代に乗り遅れまいとしがみついてはいるものの、ええ、もちろんいまだ〝ガラ携〟です。巷では「新しいことをマスターしようとしないのはすでに××症の始まり」とか言われているようですが、使いきれないくらい多機能なスマホなど私には無用の長物です。ただちょっと約束の時間に遅れそうになった時に「一〇分ほどぶらぶらウィンドーショッピングでもしていて」とショートメールで頼み、「大丈夫よ、あわててホームで転ばないでね」なんて返信メールがすぐに届く時、それがどんなにありがたく、助かることか！　それだけで十分。ああ、ガラ携メールよ、ありがとう！

いまやスマホひとつで買い物もできてしまう時代。私は基本的に、お店に出向いて自分の目で確かめて納得したもの買うことを旨としていますが、日々忙しく生活している子どもたち世代はといえば、買物の時間が惜しいといってはネット通販を利用しているようです。その気になれば文字どおり一歩も外に出ずとも生活できてしまうんですね。コミュニケーション手段といえば「クリックひとつ」だけでしょうか。

子供の読書の楽しみを奪わないで！

時を遡ること半世紀前の一九七〇年前後、それはちょうど私たちの子育て期にあたりますが、「テレビよ、子供から読書の楽しみを奪わないで！」というキャッチ・コピーが一世を風靡し、あちこちで喧伝されていたものです。当時は私もＰＴＡの役員をしており、活動の一環としてこのフレーズを何度も校内広報誌に書かせてもらったことを思い出します。

今ならさしずめ「スマホよ、子供から本を読む楽しみを奪わないで！」でしょうか。

「ゲームに夢中の子らよ、古臭いかもしれないけど偉人の伝記をページを繰りながら読んでみるとけっこうおもしろいよ！」おせっかいばあさんはこう言いたいのです。

今年九歳になる孫の成長を見ながら、半世紀以上も前の自分の子育て期を思い出したりしています。


当時、私は二人の子育てに必死で、一日一日が飛ぶように過ぎていました。高度成長を経た日本は折からのオイルショックに見舞われ、トイレットペーパーがなくなるのではとスーパーマーケットに行列ができた光景をよく覚えています。

溢れるモノに囲まれて消費することが美徳とさえ思わされていた社会の歪みでしょうか。

そんな中、「なにかが違う」――そう感じていたお母さん方も少なくなかったはずです。「豊かさって何だろう。わが子になにを望み、どう育ってほしいのか」と。

もちろん、解決の道筋などはっきりとは見えていたわけではありません。けれども、そのための手掛かりは、かすかにとはいえ感じられたのも事実です。

童話をよろこぶ子ら

一九七四年当時のこと、子育て期を過ごしていた奈良で、教育委員会主催の『母親のつづる教育作文コンクール』という企画がありました。作文が得意だった私は早速『童話をよろこぶ子ら』と題して一文をしたためこれに応募。その原稿用紙がいま手元にあります。少し長くなりますが以下に引用します。

……（前略）思えば四歳だった長男は腕白盛り。その上自我の芽生えで自分の「力」を制止できない時期でもあった。でもたくさんの遊び友達に恵まれて明けても暮れても危険な路地を駆け巡り、暗くなるとテレビにかじりついて疲れ果てると寝込むという日常生活。翌年から集団生活も始まる事も考えて、元来童話を読み聞かせるとおとなしくなる子だったので一〇分くらい童話を読むことを思いついた。

するといつの間にか遊び仲間が二人三人と集まって長男の横に座り、黙って『一寸法師』や『桃太郎』に耳を傾ける。そのうち自宅にあった紙芝居を二歳だった長女の昼寝の時間を見はからって声色をつけたり身振り手振りを入れながらやってみたのだ。題材は『101匹ワンちゃん大行進』だったと思う。

「あれ？　スカートと同じ柄の袋から何が出てくるのかな？」

絵をめくりながらふと、すぐ目の前に座っている五～六人の子どもたちを見ると、そこには私がこの子らに接して、かつて見たこともない真剣な眼差しがあった。一点を凝視した目は固定されたかのようにピクリとも動かない。ポカーンとあいた口からはよだれが一筋。それでも見とれているのだ。さっきまで菓子をバッグ一杯詰め込んで持ち歩いていた子は、そのバッグのことさえすっかり忘れたかのようにワンちゃんの行進を追うのだ。

私は驚いた！　そして嬉しくなった。

「もっともっとワンちゃんになりきって読んであげよう。この子たちの目の輝きを見よ！」と、弾む心を紙芝居へと打ち込んだのだ。

終わった途端「わっ！　すげーな、ワンちゃん、よーけいたな（たくさんいたな）！」と口々に何度も言いながらまた同じものをやってくれるように頼んでくる。

翌日からがさあたいへん。早い時間から「おばちゃん、もう一度紙芝居して！」と催促も苛立たしげだった。暇をみては長女を背負い、プロパンガスの容器の陰で暑さをよけた夏の日の午後、あるいは玄関先の日だまりに集まった冬の半日……と、近所の子どもたちと私の「本に親しむ」ひとときが続いた。

読書の後は「あの若草山を見てごらん、山の中にきん太ちゃんがお母さんとうずくまってるかもしれないね」と加古里子さんの童話を引き合いに空想した時もあった。現代っ子にそんなメルヘンチックな話が通じるのかな？と内心思っていた私は、意外にも「よし、今度若草山に登ったらきん太ちゃん探してみるな」とか「襟巻きにされたきん太ちゃんのお母さん、かわいそうやね」と素直に反応した子どもたちの返事に驚いたほどだった。

ある時は「アリとキリギリスのように、ホトホト疲れてお父さんは会社から帰ってくるやろ。お父さんの好きな餃子をたくさん作っておいてな」という言葉も耳にした。そんなとき、普段なら彼らの心の大半を占めている仮面ライダーやウルトラマンはきっと消え失せているのだろうな。

芽が出た！

もうしばらく昔話におつき合いください。

ある時、それまで全く面識のなかったお母さんたちから、

「子どもにたくさん本を読んでくれてありがとう！」

「お母さん、うちでも絵本読んで！と息子にねだられてな〜」

などと声を掛けられるようになりました。

うれしい気持ちを感じながらも、私は井戸端会議のついでにこう提案しました。

「どこの家庭だって事情があるでしょうし、子供と接する時間を作るのはなかなか大変でしょうね。ましてや子どもたちが喜ぶ紙芝居なんて作るだけでも手間ひまがかかることですし……でもね、一日中内職の動力ミシンを踏んでいてもいい、夕食後の一〇分

間、ふろ上がりの五分間でもいい、ちょっとだけ手を休めて〝お母さんと子どものひとときʺを作ってみてはいかがでしょうか。

『この時間は何でもあなたたちのお話を聞くからね。幼稚園の話も聞かせてね。その代わりミシンを踏むお母さんの時間もあるのよ』そんな約束事を作ってみてはどうでしょうか」

そう提案したのです。もちろん、「先ず隗より始めよ」のとおり、先ずは私が率先して、ですが。

そんなある日のこと、回覧板を届けがてらお向かいの玄関を覗くと、夕食後のひと時でしょうか、母親を囲み姉弟が静かに絵を描いたり本を読んでもらっているような光景が目に飛び込んできたのです。

傍らの動力ミシンは……なんと止まっているではありませんか！

私は自分で蒔いた種が芽を出した時のような歓喜の気持ちでいっぱいになり、小躍りして帰宅したものです。

あれから四十年以上もの時が流れ、久しく謳歌したテレビの時代も、いまやパソコン、そしてスマホの時代。状況は冒頭で示した電車の中のような感じですね。

そんな中にあっても、いな、そんな時代だからこそ、人と人とのパーソナルなコミュニケーションは大事になってきているのではないでしょうか。そのためのツールとしての読書の役割はかえって重要性を増しているように思うのです。

もちろん、読書＝情操教育とすぐに結びつけるのはいかにも短絡すぎる見方ですね。また、時代を背負う子どもたちが、今日明日ですぐにどうこうなるはずもありません。

でも、たとえそうであったとしても、子どもたちが毎日わずか五分でも、母といっしょに創作童話の世界にひたり、想像の翼を広げ、夢を追う楽しさを、スマホからでなく、「本」から学ぶこともまた、とても大切な習慣だろうと私は堅く信じています。

紙芝居も大好きな子どもたちでした

どこか違う！

もうひとつ、この世界に入るきっかけとなったエピソードがあります。

核家族が普通になった都会では「独りぼっちの子育て」は決して珍しいことではありませんね。今の時代ならスマホやウィキペディアでの検索、あるいはＳＮＳを通したお母さん同士のつながりも簡単に図れると思いますが、私の子育て期は独り子育てのなんと心細かったこと。そこで私は近所のお母さんたちと「子育て」という同じ土俵の上で、共に話し合い、悩みを打ち明けあい、命をはぐくみ次代へとつなぐ「がっぷり四つの相撲」を取ろうと考えました。

偶然目にした市報の掲載記事に『子どもお話教室』がありました。すぐに飛びついたのは言うまでもありません。月に一度の教室には、二人の子はもちろん、近所の子も一緒に連れて通うことにしました。

そして忘れもしない開講式。いよいよお話の始まり始まり――

「乃木希典がいたころはね……」と、八十歳はとうに越したとおぼゆる元教師が語り始めました。眼差しは慈愛に満ちあふれ、聞き入る子どもたち一人ひとりに語りかける様子がとても印象的……なのですが、ぼそっ、ぼそっ、とした口調はいかにも聞き取りにくく、話の内容も少々しんどいなあという感じです。子どもというのは実に正直かつ残酷なもので、退屈し始めると部屋じゅうを走り回ったり、果ては一人、二人と去っていく始末。

それでも数カ月、なんとか皆勤した私は、ここでも「どこか違う！」と感じ始めてきました。うちの子や近所の子どもたちが目を輝かせて何度も催促するのはこんな話じゃなかったはず、と。


お母さんが自分の子どもに聞かせる子守歌のようなお話。

ポトリポトリ母乳がしたたり落ちるような心地よさを与えるお話。

あるいは冒険をしながら胸を躍らすお話だってあるのに……

背中で眠っている娘に言い聞かせるかのようにして、毎回公民館から帰宅しました。

――乃木希典も大切だけど、なまけ者の「ごろごろにゃんこ」ならはもっとおもしろいはず……

徐々にそんな気持ちを抱くようになっていきました。

冒険をしながら胸を躍らせて……

泣きたいデビュー

ある時、ついに勇気を出して事務局の先生に尋ねてみました。

「この会にはお母さんも朗読として参加できますか？」

結果は快諾。さんざん迷い悩んだ末だっただけに、心のモヤモヤを一蹴した心地になったものです。

朗読する本は、これまで家やご近所で何度も読んできた『とうげのおおかみ』（今西祐行作）に決めて、いざ、当日。ドキドキ感がうっすらと襲ってきました。

子どもたち、先生方、父兄のみなさんを眼前にすると、心臓の鼓動はさらに早まり、手足はもうガチガチです。手のひらに人の字を書いて呑み込んでは平常心、平常心と、いつもは子どもたちに言い聞かせるおまじないを自身にかけている自分がそこにいました。

冒頭二〜三ページまではすらすらとうまくいったでしょうか。ところがだんだんと喉がカラカラになり、なかなか軌道修正まで至りません。早くも飽きたらしい幼児が「はよう帰ろー」と叫びだしては、付添いの母親があわてて子どもの口元に「シィー」と手を当てる始末。余計に駄々をこねる幼児。こんな様子が垣間見えるともういけません。声はますますうわずって、かすれていきます。本の中でおばあさんがオオカミにおだやかに言い聞かせる〝山場〟ではつい力んでしまい、ボルテージは上がりっぱなし。まるで怒鳴っているかのようです。オオカミが峠で「ウォーン」とひと声泣くあたりでは「エエィ、泣きたいのはこの私の方じゃ」と心の中で叫んでしまいました。

つまるところ、それまでわが子やご近所の子ども相手に本の読み聞かせをしてきたという経験だけで、大勢の子どもたちを相手にすること自体、大いに無理があったということです。

「乃木希典はね……」と自愛の眼差しで話していらした老先生に脱帽！

ゆったりと、静かに、そして丁寧に――子どもの心に伝える語りとはほど遠い「お母さんの語り部」の苦いデビューでした。この時つくづく身にしみた言葉……


「お話を語るのは、たやすいことなどとゆめゆめ思ってはなりません。お話をすっかり自分のものにし、努力のあとや、ぎこちなさを全く見せずに語るためには、それ相応の準備が要るのです」

――アイリーン・コルウェル／イギリス児童図書館員

でも「それ相応の準備」って……?

この苦いデビューの後、私はさまざまなことに取り組みました。

○地域のお母さん仲間と「メルヘンの館」という朗読サークルを作って、子どもたちに昔話や紙芝居を聞かせる場にしたこと

○古くから奈良に伝わる民話を探し求めて奈良県の山中をあちこちを歩き回り、採集したお話を『奈良のむかし話』、『奈良の伝説』という二冊の本にまとめ上げたこと

○奈良の障害者自立施設『たんぽぽの家』での活動。特に「車いすの語り部」上埜英世さんと共にした〝二人三脚〟の旅

○元ＮＨＫアナウンサーの酒井広さんとカンボジアへ「紙芝居の旅」をしたこと。キラキラ輝く子どもたちの瞳が忘れられません

……等々。

こうした活動や出会い、経験については一冊目の著書『心のはらっぱ』にて詳説しましたので、ここでは割愛します。

大事なことは、こうしたことの一つひとつの積み重ねが、結果として「相応の準備」となったこと。そして、次に続く新たな出会いの大切なきっかけになっていったということです。

こぼれ話　それにしても……苦いデビューを飾ったあの公民館の和室が本当に懐かしい。行ってみたいと長年願い続け、数年前にようやく訪れました。街並みはすっかり変貌し、あと形もなく瀟洒な市立大学エリアへとさま変わりをとげていました。
あの当時、『子どもお話教室』に通っていた子どもたちはとうに親となり、さらにその子どもたちが当時と同じこの地に通学しているかもしれないな……そんな気持ちで胸を膨らませたりもしたものです。

青空のもと、日本からの紙芝居を子どもたちに披露（2007年カンボジアの旅にて）

資料室

『あずきまんまの歌』との出会い

あれは一九七〇年代、当時住んでいた奈良市で子育てに必死の頃でした……

遊び疲れて帰宅した息子は口を開くなり「お腹すいた〜ッ！」。急かす声にイライラしながら娘を背中に背負いながらの夕食の準備中でした。

つけっぱなしだったテレビから何気なく聞こえてきた歌声——

「♪おらの家じゃあずきまんまを食うてます。毎日毎日食うてます。トントントントントーン♪」

それは小気味よいテンポ・声色の歌でした。

ふと手を止め小さなテレビ画面を見やると、長火鉢、湯飲み茶わん、座布団……それに作務衣姿の俳優、沼田曜一さんが「あずきまんまの歌」という民話を語っていらしたのです。

私の存じ上げている沼田さんは新東宝映画によく出演なさって、時代劇・特攻隊の映画などには欠かせない役者さんでした。この画面で初めて「民話の語り部」としての沼田さんを知ったのです。

吸い込まれるように画面に見入り、惹き込まれ、聞き入りました。

主人公・お菊の仕草、まりをつく姿、そして哀しい結末の話に、私は放心状態で食事の準備を忘れてしまっていたのです。言いようのない感動に包まれました。「何よ、これっ?」……私の心中にぐんぐん分け入る衝撃的感動は「いったい何なの? このお話、語りは何なの?」と原作を追い求め、ついには沼田さんの追っかけを始めたのです。このくだりも拙著『心のはらっぱ』に詳しく記しています。

沼田さんは当時、奈良市にある障害者自立施設「奈良たんぽぽの家」と交流をなさっていました。そこへ私も参加。ご縁が出来たのです。

「あずきまんまの歌」は私の語りの原点であり、この本でも度々出てきます。(第二章の冒頭すぐにも。)信州新町(長野県)の久米路橋に伝わるお話で、後年念願のこの地を訪れた時は、橋のたもとへ降りていき、しばし川面を眺め入ったものです。

せせらぎの音に混じって、きじを抱いたお菊が「待ってましたよ」と、いまにも現われてきそうな気になったのでした。

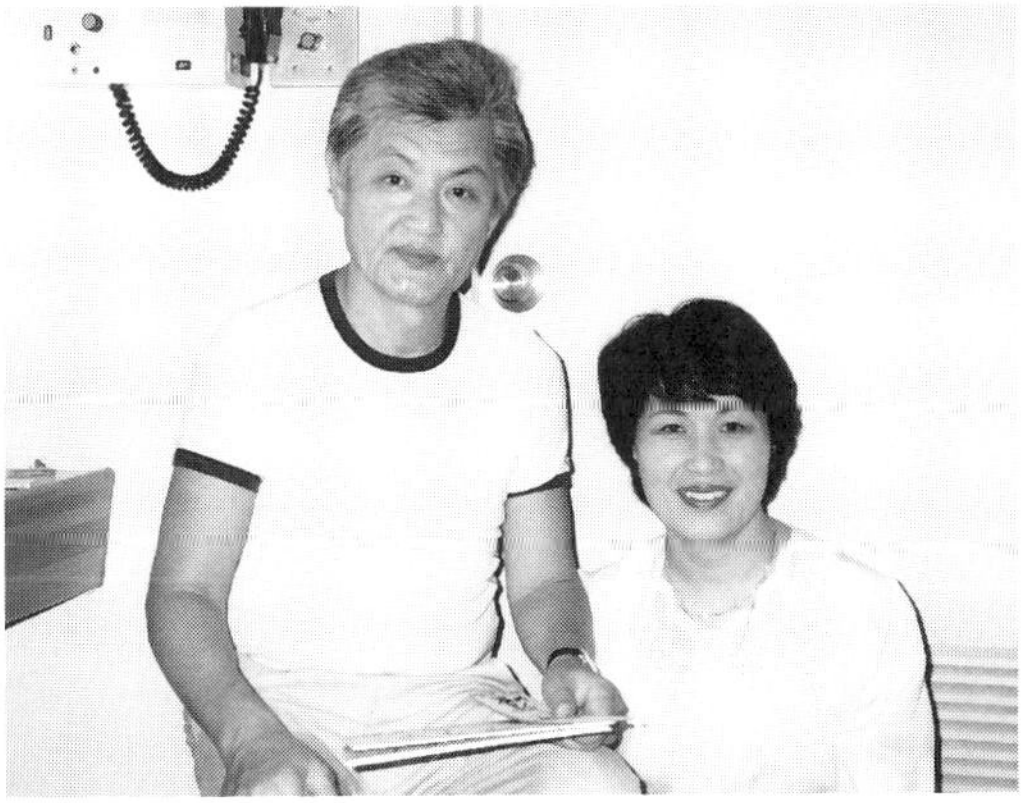

沼田曜一さんと、楽屋でも語り合ったひととき

あずきまんまの歌

沼田曜一

むかーし……

信濃の国（今の長野県）を流れる犀川は、梅雨の季節がくるたびに水かさを増して、橋をおし流し、土手をくずし、大事な田畑を水びたしにしてしまうので、このあたりの百姓は、その日その日を食べてゆくのさえこと欠くような、貧しい暮らしをしておった。

ある村はずれに、やはり、とても貧しい百姓が住んでおった。

女房は去年の洪水で流されて死に、父親は、お菊というひとりむすめを、男手ひとつで育てておったが、とにかくこの貧しさでは、むすめの喜ぶようなことは、何ひとつしてやることができなかった。

あるとき、このお菊が、明日をも知れんほどの大病をわずらい、父親は、夜もねずに看病をしておったが、洪水のせいか、この秋もみのりが悪く、いっぱいの粥さえ煮てやれんようなありさまであった。

ある晩げ、お菊が、

「お父う、おら、あずきまんまが食いてえな」

と糸のような声でいうのを聞いて、父親は、はらはらと、涙を流した。

この子の知っている、たったひとつのごちそうは、以前、母親と一度だけ食べたことのある、あかいあずきまんまであったのか！

その夜、父親は、地主の屋敷に忍びこんで、ほんのわずかな米と、あずきを盗んできて、あずきまんまを炊いて食べさせた。お菊は茶わんをだきかかえて、うまい、うまい、といってておかわりをして食べた。これで力がついたのか、だめかと思われたお菊は、すっかり元気をとりもどした。


さて翌日。

地主の屋敷では、たいへんなさわぎになっておった。

たとえわずかでも、地主の物を盗むなどとは、とんでもないということで、さっそく役人が出ばって来て、厳重な取り調べが行われたけれども、犯人の手がかりは全くなかった。

ところが、ある日の夕方、ひとりの村役人が、わが家へ帰る道すがら、なにげなく耳にしたわらべ歌に、はっとして足をとめた。

それは、元気になったあのお菊が、まりをつきながら歌っていたのだった。

おらのうちじゃあ
あずきまんまを　食うてます
毎日　毎日　食うてます
あずきまんまは　うーまいな

トントントントン

うーまいな

はて、こんな貧しい百姓の小むすめが、どうして毎日、あずきまんまを？

こうして、父親は、その日のうちにひっくくられ、牢に放りこまれてしもうた。

ちょうどこのころから降りはじめた雨は、幾日も幾日も降り続き、川はみるみる水かさを増して、またもや橋はおし流された。かけても、かけても流されてしまう橋に、村の年寄りたちが集まって相談した結果、これは、川の神の怒りにちがいないから、だれか人柱をたてて鎮めるよりほかに方法がないということになり、そこへお菊の父親が引っくくられてきたものだから、これこそ神のお告げということで、あわれにも父親は、橋杭の下に、人柱として埋められてしもうた。

それを知ったお菊は、昼も、夜も、ころげまわって泣き悲しんだ。はらわたのよじれるような泣き声は、村びとたちの心に深く突き刺さった。

そんなある日、お菊はふっつり、泣きやんだ。その日からお菊は、ひとことも声を出さなくなった。

「お菊がおしになった（原文ママ）」

さすがに、あわれに思うた村びとが、いたわりのことばをかけてみても、お菊の口もとには、かすかなほほえみさえ浮かぶことはなかった。

こうして、幾年かの月日が流れ、お菊も、十七のむすめになっておった。

お菊は美しかった。その姿をひと目でも見ようと、お菊の家のまわりには、村の若者たちがいつも往き来しておった。しかし形のよいその口もとは、あい変わらず閉じられたままであった。

秋も深まったある日。

お菊は家の軒下にたたずんで、静かに、鳥の声に耳を澄ませておった。

きじがひと声、ふた声、鳴いた。

と、そのとき、近くでするどい銃声がおこって、一羽のきじが、お菊の近くに打ち落とされた。

お菊の肩がかすかにふるえて、その目に、なんともいいようのない、いたみが走った。ぐったりと横たわったきじに、ほほを寄せるようにしてだきあげたお菊の口から、そのとき、ことばがもれた。

「きじよ……だまっておれば、よかったものを……ひと声鳴いたばかりに殺されたな。おらもそうじゃ、ひとことしゃべったばっかりに、お父は殺されてしもうただ」

お菊は、立ちあがると、きじをだいて歩きはじめた。

近寄ってきた猟師が、「おまえ、口がきけるだかな?」と、おどろいて声をかけたけれども、それにはふりむきもせず、すすきの原へ姿を消してしもうた。

そして、それからは、二度とお菊を見たものはないそうな。

(完)

第二章

「語り」から「ひとり芝居」へ

「語り」の世界で修業を積んでいた私が「ひとり芝居」を演じるようになるまでにはいくつかの貴重な「出会い」があります。

今から思い起こすと「どうしてあの時、あの人と？」と思うばかりなのですが……。

ここではそうした運命的な出会いを順を追って振り返りたいと思います。

ある出会い

「えっ、あの方プロじゃないかしら?」

一九九三年のクリスマス。山梨県白州町にある知人の別荘にて。

内輪でのクリスマスパーティーで「語り」を頼まれ、気軽に返事をしたのがちょっと軽率すぎたか、なぜか同じ場に俳優の奥村公延さんも招待されていたのです。

奥村さんといえば当時、名脇役としてTV、映画、舞台で売れっ子です。

私には伊丹十三監督の映画『お葬式』で、お棺の中に納棺された状態のおじいちゃん役が強く印象にありました。

ご本人は「食えない長い下積み生活だったのがこの死体のお蔭で生き還り、まともに生活できるようになりました」と講演先で笑わせていました。

――このプロを前にして、おこがましくも「語り」を演じるとは……

始める前から大変なプレッシャーです。

ですが、演目はこれまで幾度となく朗読してきた民話の語り『あずきまんまの歌』。得意の開き直りと、「相応の準備」とはいかないまでも、それなりの準備はしてきたという自負もありました。ここは精一杯の「語り」を演じきるしかありません。

さて、二〇分ほどの語りをなんとか切り抜けてパーティーの席に戻ると、こちらに向かってやってきます。白髪で温和な目、でも眼光はどこか鋭い……あの奥村さんです。

開口一番――「あなたの間の取り方、実にいいですね」

なんと、誉めてくださるではありませんか！

もちろんプロの役者さんからお誉めの言葉をちょうだいするのは初めてのことです。プロを前にして逃げたい一心だった気持が、少しだけ居残ろうと思った瞬間でもありました。

さらに翌日、帰京の電車の中では、「次作はなにか考えていますか？　ぼくの時間が空いていたら喜んで手伝いますよ」と、うれしいお申し出までいただきました。

もちろん、これが新たな展開への第一歩になるとは、当時知る由もありませんでした。

手とり足とり、役者への第一歩はこうして……奥村公延さんと

もうひとつの出会い

話は一九九六年まで飛びます。

『府中市の森芸術劇場』の楽屋に、ドキュメンタリー作家で知人の良永勢伊子さんが書き上げたばかりの新著を携えてお見えになりました。

タイトルは『忘れられた人びと——中国残留婦人たちの苦闘の歳月』。

赤い帯には、

——わたしは中国の地で生きていきます。それが私の日中友好なのです。

とあります。

でもこの著書、なにしろ三七〇ページもある大作です。手に取るとずっしりきて読み応えもありそうなのですが、日常に追われる身にとっては正直なかなかページを開くことができないままでいました。

良永さんについてですが、一九八六年に『赤い夕日の大地で』という中国残留日本人孤児を題材にした作品で、第七回読売「女性ヒューマン・ドキュメンタリー」賞にて優秀賞を受賞された方。ちなみにこの作品はその後、日本テレビより放映されて大きな反響を呼びました。

ある日のこと、ミニコミ誌を制作している友人から、良永さんを取材するから一緒に行かないかと誘われ、同行したのが彼女との最初の出会いとなりました。ご自宅を訪問して話を伺うと、なんと故郷が私と同じ福岡、しかも共通の知人までいたりして、なんだか幼なじみのような親近感さえ生まれてきました。

良永さんの中国残留日本人婦人との取り組みは十年以上になります。きっかけはある日の新聞で目にした小さな見出し記事だったといいます。

——残留日本人女性が一時帰国します。ぜひ皆さん方で受け入れなどいろいろな支援ボランティアに参加しませんか——

良永さんは記事の下にある今回帰国予定者の写真の中の一枚、山本宏子（仮名）さんという人の写真に目が留まりました。それは子供の頃、実家の医院で働いていた「ヒロ姉ちゃん」こと山本宏子さんと名前が同じである上、面影も似ています。

胸騒ぎがした良永さんはすぐに九州の実家そばに住む姉に電話をして確かめました。すると「ヒロ姉ちゃん」が満州に渡った年月日や出身地など、そっくり紹介記事と重なります。驚きと懐かしさで心躍らせた良永さんは、すぐさまボランティアへの参加を決め、山本宏子さんとの面会を申し出たのだそうです。

「でもね、その方は同姓同名の別人だったの」

良永さんは続けます。

「だけど宏子さんのあまりの落胆ぶりにそのままにはできなくなってね……宏子さん、よかー、うちに来んしゃいって」

そのまま自宅へ連れて帰り、共に生活を始めたということです。

こうして良永さんは残留婦人とのかかわりをもつようになりました。

肉親探しのため一時帰国する残留婦人、残留孤児の支援ボランティアにも毎回のように参加し、その実態をますます知るにつれ、彼ら・彼女たちの過酷な人生をなにかの形にまとめなければならない、そう思い始めました。

取材のために何度も中国を訪問し、十年という歳月を経た後、心血を注いでまとめ上げたのがあの大作『忘れられた人びと』だったのです。

忘れないでください……

そんなある日、良永さんを通して、中国から一時帰国中の残留婦人との「交流会」にお誘いいただきました。

一九九六年九月は残暑の厳しい夕方。場所は都内の某公民館の会議室。中に入るとテーブルをコの字型に並べただけの殺風景な会場でした。コの字の上にはボランティアや事務局のみなさんによる心尽くしの祖国の手料理が並んでいます。残留婦人の声も聞けたらと、私はテープレコーダまで用意して参加しました。

初めて直にお会いする残留婦人の方々でしたが、一目見てすぐにそれと分かりました。一様に白いブラウスに黒のズボン。化粧っ気ひとつない真っ黒に日焼けした顔にはいく筋もの深い皺が刻まれ、短髪には梳かした形跡すら見られません。長年の風雪、艱難辛苦を耐え抜いた痕跡がそのまま見てとれるような風貌でした。

「交流会」とは名ばかりで、会話を交わしているのは主催者のみ。肝心の婦人たちの声はまるで聞こえてきません。日本語を忘れられたのかしらと思い始めた私は、そばにすわっていた婦人に思いきって声をかけてみました。

すると彼女は言葉を吐き出すように語り始めました。

「ほら、あそこに立っているあの人、私の四番目の夫ね。愛情なんてありませんよ。私は女学校を卒業して、タイピストになって、両親・妹らの住む満州へ渡りました。

残留婦人とご主人。「忘れられた人びと」との出会いはここから始まりました

家族一緒に幸せに暮らしていましたよ。それが敗戦ですべてが狂い始めて……せめて故郷の広島の地に両親・妹を帰らせてあげたい、墓をつくりたいと思ってね、結婚のたびにわずかに貰えるお金を蓄えました。だから四回も結婚したのです」

トツトツと語る婦人の顔は最後まで硬い表情のままでした。そばに近寄ってきた夫は日本語が分かりませんから、キョトンとした面持ちで妻を見つめているしかありません。


帰り際にもう一人、ちょうどドアの向こうに消え去ろうとしている女性を追いかけて、「私たちになにかできることはありませんか？」と勇気を出して声を掛けてみました。

やはり白いブラウスを着た七〇代くらいの小柄な婦人はこう答えたのです。

「もう日本という国にはなにも言うことはありません。ただ私たちみたいなものが中国にはまだたくさんいることだけは忘れないでください」

曲がった腰と、小さく細い背中。まるで苦難をすべて背負いこんだかのようなその後ろ姿を見送りながら、私はハッとしました。

――ひょっとしたら、この後ろ姿は私の母だったかもしれない。

テレビで何度も見ていた「マーマ、会いに来てー！」と泣き叫ぶ孤児は、私自身だったのかもしれない。

とっさにそう感じたのです。

自分のことと「残留婦人」について

ここで少しだけ自分のことを振り返ります。

私は戦争が終わる前年の一九四四年、中国東北地方の撫順という町で生まれました。いわゆる「開拓団」としてではなく、父が満州鉄道の関連会社に勤務していたためで、家族は父母と三歳年上の兄と私の四人。当時、満州で暮らしていた多くの日本人がそうだったと思いますが、戦況が悪くなるまで、つまり私が生まれた一九四四年頃までは、物資が困窮していた内地（日本国内）よりもはるかに豊かで幸せな生活を送っていたそうです。

それが徐々に戦況が悪くなり、ついに敗戦を迎える一九四五年八月前後になると現地は大混乱に。それまで執拗なくらい統制されていた軍の指令系統がいきなり壊滅し、大混乱に陥ったということです。終戦間際の八月九日に不可侵条約を破って攻め入ってきたソ連軍の猛攻がこの混乱に拍車を掛けたことは周知のとおりです。

この時、指令系統が寸断された混乱の中で、いかに逃げ切るか、つまりどうやって内地にたどり着くか、これが終戦後の満州に残された日本人の一大問題でした。

私たち家族が、文字どおり命からがら日本に引き揚げてきたのは一九四六年七月のこと。「引き揚げる」という表現は不確かでしょう。

先ず暮らしていた撫順から引き揚げ船が出るコロ島までどうやってたどり着くか。その距離およそ三百㎞、もちろん徒歩か、ノロノロの貨物列車です。そして大混乱のコロ島からどうやって船に乗り込み、さらに何日かかるか知れない船の中でいかに生き長らえることができるか……といくつもの関門がありました。決して「引き揚げる」などとどこか悠長な響きがする事態ではなく、それはまさに生死を賭けた「生き残り戦」です。ですから無事「引き揚げる」ことができた私たち家族は、「命からがら」だったとはいえ、今から思えばとても幸運なことでした。

当然、途中で命を落としてしまった方も大勢いますし、命は落さないまでも現地に残されてしまった方も少なくありません。この「残されてしまった人たち」のことを、戦後になって私たちは「残留婦人」とか「残留孤児」と勝手に呼んでいるのです。「勝手に」というのは、彼らが決して望んで現地に残ったわけではないのに、「残留」、つまり「残り留まる」という本人の意思を伴うかのような動詞をあてがわれているからです。

特に「残留婦人」について。敗戦当時十三歳以上だった女性のことを「残留婦人」と称することを国は決めたのですが（十二歳以下の男女が「残留孤児」です。十三歳以上の男子はといえばほとんどが兵に取られていたんですね）、戦後半世紀以上も経ってその「残留婦人」だった女性たちが国を相手に国家賠償を求めて裁判を起こした際、当時

(二〇〇一年一二月)の裁判所が下した最終的な判決がとうてい理解を超えたものでした。平たく言いますと、「終戦当時、もし十三歳以上であれば帰国する判断ができたはずだが、そうしなかったのは本人の意思に基づくもの。よって国の責任ではない」そういう論法により原告敗訴となったのです。

ちょっと待って下さいよ。あの戦後の大混乱の中で、「本人の意思」なんてありますか? もしあるとすれば、「とにかく日本に帰りたい。日本の土をもう一度踏みたい」――この一念だったはずでは。

「残留」という誤解を招くような言葉にはつい敏感に反応してしまうのですね。

話を一九四六年の引き揚げ時に戻します。当時二歳だった私は家族と一緒になんとかコロ島までたどり着き、なんとか引き揚げ船に乗り込み、なんとか内地である舞鶴にたどり着きます。繰り返しですが一九四六年七月のこと。私は二歳と六カ月になっていました。

母からずっと聞かされた話として、引き揚げ船の船底で、五歳の兄とコーリャンやヒエを取り合ったことや、船の上の方から聞こえてくるボトン、ボトンという音がありました。この「ボトン」は、日々船で亡くなられた人たちを水葬する、つまり中板から海に投げ込まれる死体の音だったのです(※)。

「紙一重の生と死」――大げさでもなんでもありません。まさにそんな体験だったはずです。

一時帰国者との交流会で、あの小柄の残留婦人の後ろ姿が一瞬にして呼び醒ました「私の母だったのかも……」という直感には、こうした背景があったのです。

（※）引き揚げ船での水葬について、これは随分経ってから大学の先輩から聞いた話ですが、引揚げ船は死体を沈める時、追悼の汽笛を鳴らした後、ゆっくり旋回してからその場を離れて通常運航に戻った、ということです。だからどうだという話ではありませんが、思えば二歳半にして、実に非常の中をくぐり抜けてきたんだなと思わされます。

私は語り伝える

この「残留婦人」の女性たちとの出会いを機に、私は良永さんが心血を注がれて書かれた『忘れられた人びと』をひっぱり出し、読み始め、そして読み耽りました。まさに熟読です。

ちょうど読破したころ、良永さんから

「あなたが本気で語り演じるなら脚本にしてあげる」

とおっしゃっていただきました。

「この一大物語を語り演じていくなんて、なんと意義のあることでしょう！」

でもどうやって……？という一抹の不安もなきにしもあらず、でしたが、私はそれ以上に、気持が昂揚したことを覚えています。

ところが、です。完成した台本はなんと七〇ページもあるこれまた大作。いや、それこそまさに「本」。タイトルは『帰ってきたおばあさん』とあります。

「えっ、これを全部覚えて演技するのですか?」

困惑して良永さんに聞くと、

「語り演じるとはそういうことよ」。

にべもなく言われて、私はその場に呆然と立ちすくむのみ。

これまで手掛けてきた民話の語りは長くてもせいぜい一〇ページくらいでしたから、まあ無理もありませんね。

でもまだ印刷の香りがする台本の真っ白なページを繰ってみると、なぜか先日お会いしたご婦人のブラウスの白と重なるのです。

あの言葉がふたたび甦ります。

――「忘れないでください!」


私はこの台本を舞台化するにあたり、奥村公延さんに打診しました。クリスマスの会でお誉めの言葉をいただき、「手伝いますよ」とうれしいお申し出までいただいていた奥村さんにこの台本の演出をご依頼し、ご指導も仰ぐことにしたのです。

そして幸運にも、奥村さんから快諾いただくことができました。

「語り」の世界から「ひとり芝居」という新たな舞台に足を踏み入れることになった瞬間です。

そして、もうひとつの出会いが……

奥村公延さんとの「共作」によるひとり芝居『帰ってきたおばあさん』はその後、大変な苦心と努力、試行錯誤と関係者からの叱咤激励も経て一定の形にはなったものの、いくぶん未処理の点があったように感じていました。

そこで奥村さんからのご提案もいただき、最終的に脚本家の杉山義法先生に監修をお願いすることにしたのです。

杉山義法先生といえば、NHK大河ドラマ『天と地と』『春の坂道』など数々の名作がある脚本の大家。率直にうれしく思う半面、緊張とプレシャーも半端ではありません。

杉山先生はこれまで、奥村さんを通して私の舞台の話は聞かれていたようですが、生の舞台を観られたことはもちろんありません。折しも公民館主催の公演が予定されていたので、渡りに船とばかりにそこでご覧いただくことにしました。

そして観劇後、先生が漏らされた第一声が忘れられません。

「もったいないな。肝心なところが抜けているじゃないか」

その後淡々と感想を言いながらも、先生の口からは次々と、すでに頭の中にできあがっているかのようにセリフが飛び出してきます。そしてしまいには、「悲劇のヒロインここに在り。そして戦前、戦後にこんな悪い日本男児いた――とヒステリックに叫んでもダメなんだよ。物語には普遍性がないと語り継ぐ意味がない。戦争という狂気に翻弄され続けた一人の日本女性の半生を、誰のせいにするのでもなく……」

それはまるで自分自身に言い聞かせているかのような口調です。

こうしてでき上がったのが「加害者としての自覚」「夫婦、親子、兄弟、隣人すべてへの人間愛」「赦しの美学」というテーマを支柱に据えた改訂版『帰ってきたおばあさん』、つまり現在の舞台で使用しているものなのです。

ところで内容にいろいろなことをつめ込みすぎたせいでしょうか、具体的な演技以前に、本読みの段階でもしっかり消化しきれない箇所、というよりも私自身の中で充分納得いかない箇所が出てきました。

たとえば次のような場面――

……主人公の鈴木春代と夫の勝造は敗戦後、開拓団たちと山中を逃避行する。団長から足手まといになる子供を殺せと命じられ、放心しながらも手を下す。その後も山中をさまよい、ひと休みしようと飛び込んだ掘立小屋。そこで春代は匪賊たちに乱暴されてしまう……外に放り出され半殺しにされた勝造が、小屋に戻って目にしたものは、果たして泣き伏す春代の姿。勝造はこの時、この世で一番汚いものでも見たような蔑んだ目で春代を見下しながら「お前となんか一緒に日本へ帰らん！　お前なんか俺の女房じゃない」そう言い残して走り去ってしまう……。

「春代さんは被害者じゃないですか。匪賊からむごい目にあわされて、どうして夫からも見捨てられなければならないのですか。納得いきません！」

おどおどしながらも先生にこう訴えました。

この時、先生が答えられた言葉が忘れられません——

「いいかい。輪姦されたからといって逃げる夫は確かにむごいよな。だがそれは今の平和な時代だから言えるんだよ。捕虜になるくらいだったら死ねと言われた戦前・戦中

良永勢伊子先生、杉山義法先生と
厳しいけいこ場だったな……

の倫理観、貞操感の下で教育を受けた僕は『自分だったらどうするか？　元軍国少年のオレだったら？』と問いかけながらの台本だよ」

「人間は如何に脆く、弱いものなのか。人格形成期の教育によって人は善悪の判断さえ操作されるということの怖さを、僕は今の時代に声を大にして伝えたいんだ」

いつになく感情の昂ぶりを隠そうともせずこう語られた先生。そして、

「僕だってそうしたかもしれないんだ……」

こうおっしゃられた時の苦渋の表情に、私は今まで自分に見えていなかったものが何なのか――先生が言われる「肝心なところ」、この舞台の「普遍性」について、ようやく気づかされたのです。

その後、杉山先生の厳しくも的確な稽古と、周囲や家族のあたたかい支援もいただいて、一九九八年一〇月、新生『帰ってきたおばあさん』（良永勢伊子 原作／杉山義法作・演出）は無事新たな船出をすることができたのです。

〈追記〉奥村公延先生と杉山義法先生、それに原作者の良永勢伊子先生、お三方ともとてもお世話になった方々ですが、みなさまその後鬼籍に入られてしまいました。共に歩み、学びを請い、また逆鱗に触れながらも稽古にいそしんだ〝あの時〟〝あの時間〟が愛しく思い出されてなりません。深く合掌

資料室

「残留婦人」のなにが問題か？

第二章の終り近く、杉山義法先生が言われたことば「普遍性」の後に、「加害者としての自覚」という言葉がありました。

またこの後、第三章(三)の大連大学公演の項でも以下の言葉が杉山先生を回想するシーンとして出てきます。

「日本は加害国だ。だが政治家も関係者たちも、だれも謝罪したがらないのを、一農民たるおばちゃんが謝罪する。そこをしっかり言わないと……」

杉山先生はなぜ、一農民にすぎないおばちゃんに、このような国を背負っているかのようなセリフを言わせて、国に代わって謝罪させているのでしょうか？

実はここに「残留婦人」をめぐる問題の中でも、最も深い意味をもつ問題点があるように思えてなりません。

私は今までに多くの残留婦人の方とお会いしてまいりました。その中のひとり、鈴木則子さんとお会いしたのは二〇〇〇年頃でしょうか。

敗戦の二年前に開拓団として家族で満州に渡り、現地で終戦をむかえ、戦後は地獄の逃避行を経て「生き抜く」ために現地の中国人と結婚し、文革時代等でたいへんな苦労をされ、戦後三三年も経ってやっと帰国。帰国後もさまざまな壁や差別に遭われ、これまたたいへんな苦労をされたという、多くは『帰ってきたおばあさん』の春代さんと同様の体験話でした。

ただその中で、いくつか印象的なお話がありました。ひとつは、満州に渡って学校の代用教員として働いていた時のこと。その学校で雑用係として働いていた王くんという中国人の少年と仲良くなったそうです。王君は家族五人でとても貧しい生活をしていたため、ある日「中国はこんなに広い土地があるのに、どうしてあなたはこれほど貧しい生活をしているの」と尋ねると、王くんはこう答えたと言います。

「なに言ってんだ！　おまえたち日本人が家も土地もぶんどったんじゃないか。お父さんは労工（関東軍などによる強制的な労働）で過労で死んでしまったからオレがここで働かなくてはならないんだ」

これを聞いた鈴木さんはたいへんなショックで「まさか、日本人がそんなことをするはずがない」と思ったものの、その時はそれ以上深く考えることはしなかったそうです。

そしてそれが事実であることを知るのは、一九五〇年代のこと。中国政府は当時、戦争の悲惨さを忘れないようにと歴史教育を盛んに実施し、その一環として戦争写真展があったそうです。鈴木さんはかなり迷った末、やはり真実を知りたいと考えて勇気を出して見に行きました。果たして、その写真展でのことは鈴木さんにとって地獄の体験だったといいます。

自分たちは「五族協和」や「東洋平和」という言葉を信じて満州に渡ってきたのに、

実は「侵略戦争」だった――それが実感として分かったからです。

「日本がこんなに悪いことをしたのか？　私たちはそれを応援しに来たのか？　そのために慣れない大地で一生懸命働いて、最後はこんなぶざまな姿で……」

そう思うと苦しくて苦しくてたまりませんでした。が、それでもしっかり真実を見つめなくてはいけないと思って、その写真展には何度も訪れたそうです。

「しっかり真実を見つめなくてはいけない。自分は猛勉強しなくてはいけない。国に流されて疑わなかったその認識を正さなければいけない」

そう考えました。

一方で、周囲から「あなたに罪はない」と言われながらも、家族を日本人に殺された人たち、虐たげられた人たちの中で暮らしていることも事実です。

「いま自分は、日々中国社会の中で辛い仕打ちに遭っているが、中国の人たちの気持だってよく分かる。だから国に代わって罪を償うような思いで、なにを言われても耐え、社会に貢献しようと一生懸命でした……」

「国に裏切られた」という気持ちは紛れもなくあったことでしょう。でもそれ以上に、「自分も侵略戦争に加担していた」という消しようのない事実は、やはり重すぎるくらい重い試練だったということです。それでも過去を変えることはできませんから、中国の人たちに対してすまないという気持ちはいつも心に持ちながら、中国社会の中で生きてきたのです。

杉山先生が一農民のおばちゃんに、国に代わって謝罪させたのは演出でもなんでもなかったということです。

鈴木さんはその後、二〇〇一年一二月にほかの元残留婦人二名とともに国を相手に訴訟を起こします。

「国はすみやかな帰国を実現させる義務を怠ったこと、また帰国後は、その人権侵害の回復をはかって、人間の尊厳を確保するための諸施策をする義務があるのに、それも怠っている」――そうした理由により国家賠償請求をしたのです。

翌年から全国の残留孤児や残留婦人が、「本人と家族の人権と生活の完全保障」を求めてつぎつぎに提訴することになりましたが、そのきっかけとなったのが鈴木さんたちによる訴訟だったのです。

ここでもうひとつ注目すべきは、鈴木さんは裏切った国を追求するのと同時に、裏切られた自分自身への追及も厳しく問うている点です。

「国のため」「天皇陛下のため」と言われるままに、疑うことなく国策に乗せられてしまった自身の愚かさ、不甲斐なさ。

残留婦人や残留孤児というと、とかく「たいへんな目に遭った悲惨な人たち」ということばかり強調されますが、そしてそれも大いに問題ではあるのですが、それ以上に恐ろしいのは、私たちはある条件下では、いともやすやすと国や権力に従ってしまい、疑問や批判の精神を持てなくなるものだということです。

そう考えると、残留婦人の問題というのは、単に戦中に起こった特殊な現象ということではなく、いま現在も充分に起こりうる「普遍性」を秘めた問題だと思うのです。戦後築き上げてきた平和の礎が、「危険な隣国から国土を守る」という名目で徐々に崩されようとしている昨今の政治情勢の中にあっては、特に大事な教訓ではないでしょうか。

余談になりますが、私が住んでいる調布に「延浄寺」というお寺さんがあります。ここには鈴木さんの想いを後世に伝えるために、国立市在住の赤塚頌子さんが私財を投じて建立した碑、『不忘《わすれず》の碑』があります。そこに刻まれている言葉——

国に従って
国に捨てられた人びとを
忘れず

延浄寺の「不忘の碑」
地元の仲間と最初にお参りをしました

ふたたび
同じ道を歩まぬための
道しるべに

「騙されないように、流されないように」

鈴木さんの呼びかけは、時代を超えて私たちに、そして未来に向けて訴えてくる大事なメッセージだと思うのです。


〈追記①〉先に書いた国家賠償請求訴訟は二〇〇九年二月、最高裁で敗訴となり、訴訟は終結します。そして二〇一一年一月、鈴木さんは永眠されました。心よりご冥福をお祈りします。


〈追記②〉本項については特に以下の文献を参照させていただきました。

赤塚頌子編『不忘の碑』より、鈴木則子さんへのインタビュー「私たちの戦争はまだ終わっていない」

小川津根子・石井小夜子『国に棄てられるということ』（岩波書店）より、鈴木則子さんへのインタビュー

第三章 いざ、中国へ

ここからいよいよ中国へと舞台が移ります。『おばあさん』の舞台である黒竜江省ハルビンから始まって、長春、大連、北京、そして最後は残留婦人が住む安徽省合肥まで、合計九回に及ぶ中国公演。順を追って振り返りたいと思います。

(一)ふたたびハルビンへ――――――二〇〇八年一〇月、ハルビン龍江劇場

あれから六年……

二〇〇八年一〇月二六日から三一日まで、私は中国黒竜江省の省都ハルビンを訪問しました。

ある旅行会社と共同で企画したツアーで、「残留孤児の養父母を訪ねる『帰ってきたおばあさん』～ハルビン・長春・方正への公演・交流旅行」というもの。

実はハルビンを訪問するのは二度目のこと。始めてこの地を訪れたのは二〇〇二年八月でした。この時は「中国東北地区（旧満州のこと）友好と慰霊の旅」というツアーのメンバーとしてです。参加した二〇名はみなさん、先の戦争で旧満州に渡ったか、あるいは親族が忘れられないほど辛い体験をされた方々でした。

私は当時、すでに『帰ってきたおばあさん』を演じていながら、物語の舞台になった旧満州という土地を踏んだことがありませんでした。

――主人公の春代さんが夫とともに夢見た「王道楽土」とは一体どんなところだったのだろう？

そんな気持ちからツアーに参加したのですが、実際に往時の開拓団たちの足跡をたど

りながら、実にさまざまなことを体験し、深く感じ、また考えさせられることも多々ありました。

特に、ハルビンからさらに北方の町「方正《ほうまさ》」にある日本人公墓、これは時の周恩来首相によって建立が許可されたものですが、この公墓に立つ慰霊塔の前で、私は『おばあさん』の中の一シーンを演じさせていただきました。敗戦前後のソ連軍侵攻にともなう逃避行の途中、主人公は家族六人、他の開拓団とともに逃げまどいます。そして中盤、ついに足手まといになる子どもを殺すしかないという、ひとつのハイライトシーン。ここで主人公は自らの手で愛娘の首を絞めます。

――ごめんよ、初子！　勘弁しとくれ！　かあちゃんを許しておくれ……

あの方正の慰霊碑前での「献芝居」以来、私は一度でいいから中国内のきちんとした劇場で『帰ってきたおばあさん』を演じてみたい。中国の多くの方々にも是非ご覧いただきたい。長

方正・日本人公墓の前で「献芝居」
（2002年）

年そう願ってきました。

「日本人＝被害者」という目線で書かれた舞台作品を、「日本＝加害国」という認識の国で公演するということです。

しかも公演実現のためのカウンター窓口は「中国黒竜江省文化庁」。そう簡単に許可が下りるわけがありません。

私は一念奮起して、日本中国文化交流協会、旅行会社ほか、関係団体の多くの方々の手をお借りして、しかるべき手順を踏み、何度も趣意書を作成しては練り直しを重ねました。

膨大な時間と労力を費やした後、ようやっと公演承諾の電話を戴いた時には、その場にヘナヘナと座り込み、受話器を落としかけたものです。

ご支援いただいた関係各筋のあちこちへ、いつもの一オクターブ高目のトーンで「訪中公演実現へ！」のお礼・報告電話をする興奮ぶりを想像してみてください。異様この上なしだったでしょう。


やっと願いがかなった中国公演！

養父母さん、残留孤児のみなさんにも会える！

黒竜江大学の学生さんたちも観劇し、公演後は交流会まで企画されている！

方正日本人公墓の慰霊の旅から六年。しかも今回は正真正銘の「公演ツアー」です。

考えただけでもワクワクしてくるではありませんか！

思いをしっかり抱いて

旅行会社と公演ツアーを企画するに際しては、せっかくの機会、日本国内の大勢の仲間にも同行を願いたいと、多くの方々にお声がけをしました。

早速、元ＮＨＫアナウンサーの酒井広さんにご連絡しました。

酒井広アナといえば、ＮＨＫの人気番組「こんにちは奥さん」や「生活の知恵」などでお馴染みだった往年の名アナウンサー。二〇〇七年にカンボジアの旅にご一緒して以来、親しくさせていただいています。

酒井さんは早速、このツアーのチラシに『養父母さんに会いたい！　話がしたい！』と題して、以下の一文を寄せてくださいました。

いま、中国の養父母さん達はどうなっているのだろう？　時々私は胸が痛む。五年位前、ＮＨＫの残留孤児の放送を聞いた若者が「なんで可愛いいわが子を中国人に渡したのか判らない」と話すのを聞いて「あっ、戦争を知らない人には理解しにくいのだ」と思ったものです。

私の初任地は新潟局。結婚した女房はハルビンの花園小学校からハルビン高女へ。三年生のとき終戦。その後南へ南へと逃げて、母の故郷新潟へ帰ってきて二二歳で私と結婚した。

だから養父母さんに話が聞きたい。会いたい。

神田さんとハルビンへ行きます。中国の若者にも会いたい。待っていてください。


漫画家のちばてつやさんにもお声がけをしました。

ちばさんは二〇〇四年五月、西東京市の「こもれびホール」で公演した『帰ってきたおばあさん』を観劇いただいて以来、『おばあさん』のために素敵なイラストを描いてくださったり、前著『あなたに伝えたくて』には心のこもった序文までお寄せいただいたりと、たいへんお世話になっている方です。

今回のツアーにも早速、『「帰ってきたおばあさん」の故郷へ　あの舞台が帰っていく!』と題して、まるで「あしたのジョー」ばりの闘魂がこもったエールを送ってくださいました。

ちばてつやさんと。
2004年5月、西東京市での公演後

（前略）

幼児期を瀋陽（奉天）で過ごした僕は、当時の記憶体験が心の中に〝おり〟のように残っている。だから何度も訪中した。中国でお世話になった忘れえぬ方とも再会した。

神田さんたちの今回の旅で年老いた養父母さんたちがどんなに喜ばれることだろう。

公演は養父母さんのみならず、黒竜江省の大学生はじめ一般の方々にも観劇していただくとか。

本年は「日中平和友好条約三十周年」でもある。

長年の夢の第一歩を踏み出した神田さん！

本企画舞台の感動が中国の大地にこだまし、さらなる熱い平和友好の思いが日中に行き交う事を願ってやみません。


全国の御霊《みたま》と、力強いエールも胸にしっかり抱きしめて、私は中国へと旅立ちました。

養父母・残留孤児との交流会

同行者一〇余名は新潟空港を元気に出発。二時間あまりでハルビン太平国際空港へ。二時間あまりという時間に、海で隔てられていても日中は隣国なのだなあと再認識。

空港に到着すると、「ハルビン市留華残留孤児養父母聯誼会」会長の石金權氏をはじめ、周桂芝さんたち残留孤児のみなさんが出迎えてくれました。

　最初に目に飛び込んできたのは深紅の横断幕。構内の一部通路を完全に占領するくらいの長大さで、
　熱烈歓迎神田幸子中国之旅一行来哈爾濱公演！

という文言が先ず目に飛び込んできました。

「でっかく長い横断幕でのお出迎え」はこの国では恒例の歓迎風景なのです。日本ではなかなか目にしない光景に、一行は「おおーっ！」と驚嘆の声を上げましたが、周囲の人々のなんと素っ気ないこと。横断幕なんかきっと日常茶飯事なのでしょうね。

　ハルビン滞在二日目。いよいよ念願の養父母さんらとの交流会です。

　万達ホリデー・ホテルの会議室に着くやいなや、車いすごとぶつかるように駆け寄ってきた方秀芝さん（82）。

見て下さい！　このデカい横断幕を！

「あなたの写真を飾って会える日を心待ちにしていました」と抱きつくように手を差し伸べてくるのです。私もすかさず握手。なんとぬくもりのあるお出迎えでしょう！　とてもお元気そうで、ふるさとの母を思わせる笑顔がとても可愛らしかったのです。

広い場内が打ち解けて活気を帯びてくると、あちこちで甲高い口調の会話さえ飛び交います。

「あぁ、これぞ中国！」――そう実感したひとときでもありました。

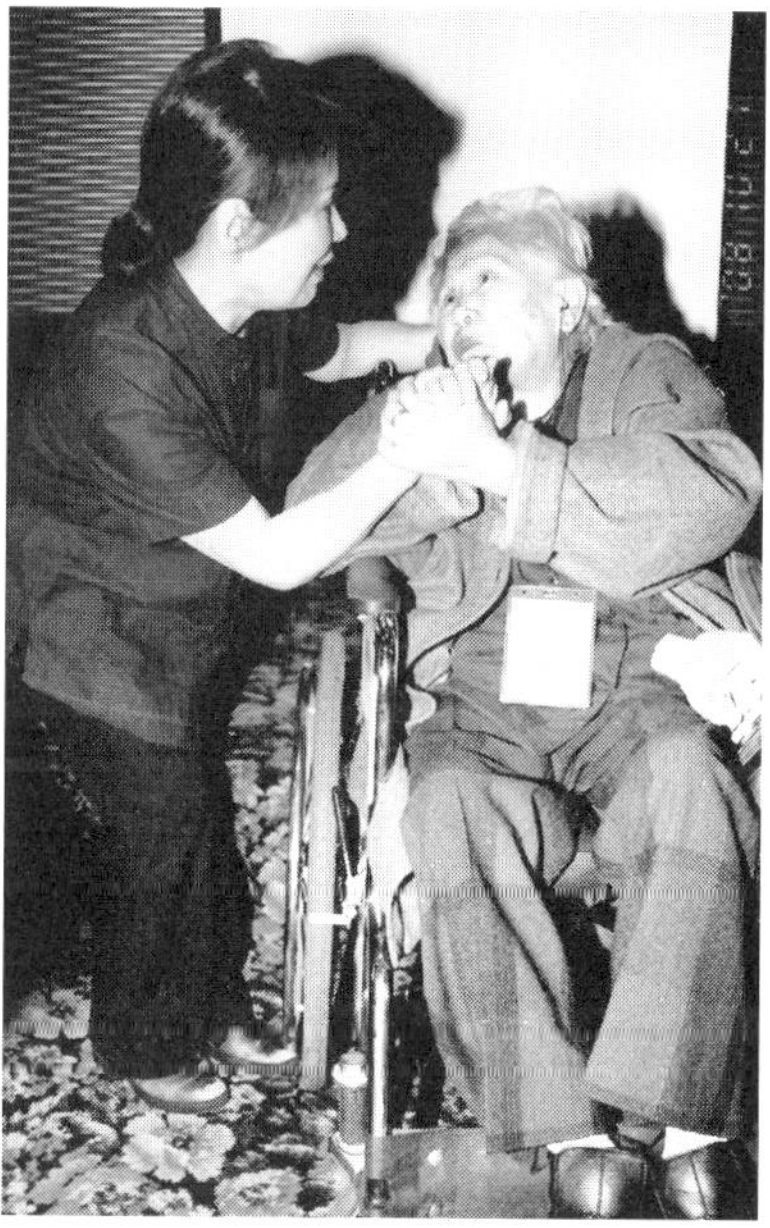

車いすの養父母さん、方秀芝さんと
「あなたの写真をいつも眺めてましたよ」

私は日本人です……

交流会が始まる前、ホテルの平台のわずかなスペースで、少しだけハイライトシーンを演じました。

六年前、方正の慰霊塔の前で演じたのと同じシーン、愛娘を自らの手で殺《あや》める場から、殺めたはずの初子と奇跡的な再会を果たすまでを、数分間でしたが心を込めて演じました。会場では簡単なプログラムが配布されていたようですが、ちょっとしたサプライズでしょうか、みなさん思いがけず「生演技」を目の当たりにして興奮気味でした。

北海道から参加した友人の丸山照子さんは、後日こんな感想を寄せてくださいました。


（前略）……目の前での演技は迫力いっぱいだった。

「いま私たちは中国の養父母さんや残留孤児のみなさんと一緒に『帰ってきたおばあさん』を見ているのだ」と思った途端、涙があふれてきた。

後方からはワォン、ワォンと泣き出す孤児の声が聞こえてきて、東京で見るのとはまるで違った感情があった。……（後略）

言葉は通じなくても、養父母のみなさんは当時わが子同然に育てた孤児を思い出し、また孤児の方々は自身の身の上と重ね合わせて見てくださったのでしょう。

場内でひときわ涙を流し、声を上げて泣いていた人民服姿の女性が忘れられません。その残留孤児の方は、眼鏡を外して涙ながらにこう訴えました。

「私は日本人です！　どんなに探しても身元が分からないし、自分のルーツさえわからない。自分がどこの誰なのか知りたいのです……一度でいいから日本の土を踏んでみたい！」

それから、母親が自分の目の前でロシア兵に殺害された事実を、嗚咽しながら語ってくれました。

現地で初めて聞いた衝撃的な訴えです。

舞台では渾身の力を出して演じる私ですが、真の当事者を前にしてはもどかしいくらい何もできないとは……無力感にさいなまされるしかありません。

私はただただ手を強く握りしめながら、

「私もあなたとほぼ同年代。あなたのことは決して忘れませんよ！　そしてずっとずっと伝えていきますから……戦争は、絶対に許せません！」

いつしか肩を抱き合って、ともに涙を流していました。

交流会での舞台のハイライトシーンに号泣する残留孤児の方
「私は日本人です！」

海上昇明月　天涯共此時

さて、いよいよ本番の時。

周恩来首相が語って以来、広く語り継がれた言葉「前事不忘　後世之師（過去を忘れず、明日の教訓とする）」を一層強く心に秘めて、いざ会場の龍江劇場へ。

会長の石金耀さんが粉骨砕身の奮闘をして省庁や大学等々に働きかけ、そのお陰もあって六百席の会場は満席。熱気に圧倒されます。

最前列には文化庁副庁長の白淑賢女史はじめ、黒竜江省内の文化界、芸能界の面々が列席され、ほかにハルビン工業大学、黒竜江大学等の大学からも多くの先生方、学生さんたちが、一般の観客と一緒に鑑賞されました。

そして公演終了後は、満場の拍手と喝采、ご挨拶や握手とともに、後日多くの感想文・お手紙までお寄せいただきました。

ハルビンの龍江劇場での公演がついに実現！

ここに「社会科学院　東北アジア研究所」所長代理の笪志剛先生の感想文をご紹介します。

（前略）

『帰ってきたおばあさんは』のようなひとり芝居を今回初めて観ました。そしてこんなに強烈に魂を揺すぶられたのも初めてのことです。ごく簡単な舞台装置でありながら、神田女史は転換の多い役柄を実に豊かな表情で演じきりました。（中略）

ラストシーン、主人公は「ひとりの中国人として」プライドを持って、もう一度中国に帰ります。この場面では会場はシーンと静まりかえり、多くの観客が涙を流しました。

私はこの芝居を通して、あの戦争に対する認識に感服しました。一般的な被害者意識と同時に、日本人としての加害者意識、戦争に対する深い反省と謝罪をも演じました。

さらに芝居は、日本語の分からない多くの観衆も動かしました。主人公が村人に中国語を習うくだりでは、大きなボール紙に書いた「肝臓」「腎臓」「胃」などを観客に読ませました。とりわけ最前列に座っていた白淑賢副庁長に「子宮」の発音を読ませた時には、そのユーモアに会場を覆っていた重苦しい雰囲気が一瞬にしてなごみました。

芝居が終わると、神田さんは黒竜江省文化庁より大きな花束が贈られ、白副庁長と抱き合って喜びました。……（後略）

舞台終了後はさらに、今度は酒井広さんが壇上に上がって、

「中国の皆さん、本当にすみませんでした！　お詫びがこんなに遅くなりました」

こう挨拶され、深々と頭を下げられたのです。

戦争体験者による積年の思いの謝罪が、観劇した若者・学生に伝わったためでしょうか。杖をつきながら席に戻られる酒井さんに、場内から惜しみない「赦しの拍手」がいつまでも鳴り続けたのでした。私にとって忘れられないシーンのひとつです。

このとき私は、午前中に訪問した黒竜江大学で著名な書家・竜雅君先生が揮毫された一幅を思い出していました。

――海上昇明月　天涯共此時

煌々と輝く月が海面から次第に昇ってくる。

世界の果てほど離れた人も、今この同じ時に同じ月を仰ぎ観ているのだろう。

「海上昇明月　天涯共此時」揮毫された書家の竜雅君先生と。竜先生のご両親は残留孤児を引き取って育てられました

命に敵も味方もないよ

公演日の翌日、私たちは長春に移動し、当地にある「日中友好楼」を訪問しました。日中友好楼は、長春市在住の日本人、笠貫尚章氏（故人）の援助で建てられた養父母さんたちのための住居（アパート）です。名誉市民でもある笠貫さんは、多くの市民や関係者から感謝され、今でも心から尊敬されているそうです。

この住居にいまではたった一人でお住まいになっている崔志栄さん（87）が、かくしゃくとした姿勢で出迎えてくださいました。

「当時、二一人くらいの手を経て私の元にやってきた日本人の女の子を育てたんだよ。たとえ敵国の子だって命は命。目の前に差し出された命に敵も味方もないよ」

「命に敵も味方もない」――この言葉に私

養父母の崔さん（左から2番目）、捐さん（その右隣）と、長春の日中友好楼の前にて。養父母さん、ありがとうございました！

たちはどれほど救われ、どれほど喜んだことでしょう！　そしてどれだけ感謝の言葉を申し上げたことか！

最近までここに住んでいた捐貴臣さん（87）も私たちの訪問を心待ちにしていた一人。途中からの参加でしたが、やはり栄養失調で死にかけていた日本人の女の子を育てたそうです。

お二人は文化大革命時の苦労、敵国である日本人の子どもを引き取ったことによる立場の大変さを思い出しながら話そうとなさいましたが、最後には「でももう忘れたよ……」とぼそっと一言のみ。

崔さんは最後に、

「川崎へ帰っていったケイコは元気かな。帰国当初はひんぱんに連絡がきていたけど、いまは遠のいた……元気にしているかな」

そう何度も口にしていました。

同行した知人の篠原ナナミさんはこの訪問で、「戦後の混乱期、日本人の孤児をわが子として受け入れてくれたこと、その後は日本に帰国したい残留孤児の人たちの気持ちを受け入れて帰国を容認し、さらに帰国後もずっとわが子のように幸せを祈り続けていること」に、養父母さんや中国の皆さんの大きな愛を感じたそうです。

悲劇の歴史を語ることは辛いけれど、事実は事実として受け止め、子や孫にしっかり語り続けていかなくてはならない——再度こう決心したとも語ってくれました。

帰国前、間隙をぬって訪問した長春で本当に貴重な体験ができました。

コラム　平和探訪①

もうだまされない！　～酒井広さんの思い出

本文にも書きましたが、二〇〇七年秋に元ＮＨＫアナウンサーの酒井広さんと、カンボジアから知覧へと旅をしたことがありました。

（私は生前、酒井さんのことを「先生」とお呼びしていたので、ここでも「先生」と呼ばせていただきます。）

大らかで、平衡感覚がおありで、決してアジらない先生のお人柄。

そのお蔭で、初めてのカンボジアの旅がどんなに楽しく、稔りあるものであったか。

先生はカンボジアに学校を建てられ、数十回も現地に出向き、支援なさっていらっしゃいます。

そして、揺るぎなく、強い信念の根底には「もうだまされない！」がありました。

先生の兄上は大学生の時、学徒動員で戦地へ。

兄からの連絡が途絶えたと思ってしばらくすると、家族のもとへ一枚の紙切れと石ころが入った白木の箱が届いた。

ふと気がつくと母の姿が見えない。が、納屋から声が聞こえてきた。

はたして、納屋の隅っこで箱を愛おしく抱きしめ、背中を丸めて「クッ、クッ…」と声を押し殺して泣いている母の姿があった。

――僕の大好きな母が人目を忍んで泣いている！

小学生だった先生はそれを見たとき思ったそうです。

「母を泣かせる戦争って何だ！

尊敬していたお兄ちゃんはどこ？

返して！　僕たちの大事な家族を、ささやかな幸せを！」

この話をカンボジアの炎天下で聞いた時、その一言一言がどんなに私の心に染み入ったことか。

生前母がよく口にしていたな――

「大好きな兄ば奪った戦争は許せんと。

誰が始めたとやろうかね……許せん！」

その口調は次第に激昂していきました。

ごくありふれた家庭の幸せなひとコマを奪い去る狂気沙汰は、どんな時にも、いつの時代にも、決してあってはならない。

――もうだまされない！

酒井広先生と、2007年カンボジアにて

(二)長春~ハルピンにて——二〇一〇年六月、長春大学光華学院/ハルピン龍江劇場

長春大学光華学院

二〇一〇年六月二三日。どんな思いでこの日を待っていたことでしょう!

当時中国を襲っていた「SARS(サーズ)」という呼吸器感染症の影響で一年待たされたため、文字どおり「長い春」の末の長春大学光華学院での公演。知人の高一民さんの紹介がきっかけで実現しましたが、ここに至るまでには、本当に多くの方々にご支援をいただきました。

長春という街について。今は吉林省の省都ですが、ちょうど瀋陽(旧満州時代は「奉天」)とハルピンの中間あたりに位置し、それは旧満州国のおへそのような好位置でもあったため、当時は「新京」と呼ばれていました。「新天地の都」という意味でしょうか、当時の為政者たちがこの地に託した夢が垣間見えるようです。

ゆったりと落ち着いた大通りにはかつての日本軍が建てた建物がいまだに残り、それらはたとえば大きな総合病院として昔の姿のまま使われていたりします。街を散策していると、ビルの間にたたずむ古色蒼然とした建物に、ふと日本の城下町を想起させられたりしました。

さて、その長春に瀋陽経由で列車で到着。担当の黎宏傳《れいこうでん》先生とは事前にメールでやり

取りしており、

――僕は痩せてノッポです。長春駅ではパンフレットを持って待っています。

と、いただいたメールのとおりだったのですぐに判りました。どこか学生風の面影が残るいかにも真面目そうな先生は、どうやら今回の私たちのお世話を一手に任されている様子。二人で遅くまでかかって、懸念していた中国語字幕の再点検を続けました。

ロックコンサート慣れ?

翌日は公演の当日。東北地方にしては異常に暑い三十度を越す天候に見舞われました。公演会場となる長春大学光華学院は、二〇〇〇年に設立されたまだ新しい四年制大学。九千二百人の学生が通い、また教職員だけでも六百名近くもいて、アメリカ、日本、韓国などからも見えているそうです。

ホテルの吉祥飯店から長春市東郊の開発区に位置するこの大学までタクシーを飛ばすと、見えてきました、レンガ色した瀟洒な正門が。その奥は三十九万㎡の敷地を有する大学構内へと続くのです。

案内されて会場の前まで来ると、先に会場入りしていた日本人スタッフが会場前の木陰で一服中でした。

「お疲れさま!　準備はいかが?」と声をかけると、なぜかやや不機嫌に「十分な音響機材なんかないよ」と一言。「照明もあるものでで間に合わせるから」とこれまた少々投げやりな返事です。

当然のことながら、スタッフたちは全員この地は初めて。無理をして日程を空けてきたメンバーもいて、今回の舞台にどれほど期待を寄せているかが分かります。それなのに現状は……と思うと、こちらまで気落ちしてしまいます。空を見上げれば初夏の日差しがますます強く照りつけて、まるで私たちの落ち込みに追い打ちをかけるかのようでした。

気合いを入れなおして会場となる広い講堂の中へ。舞台に上がってみると袖がいくつもあり、どこへ引っ込むか迷いそう。機材はといえば長いこと使われていなかったのでしょう、ほこりをかぶっているし、照明も名ばかり程度。スタッフたちはそれでも汗とほこりにまみれながら、できるだけ善処しようと格闘してくれたのです。正に「縁の下の力持ち」。感謝するしかありません。

長春大学光華学院での公演後、交流会にて学生さんたちと

そしていよいよ本番。六百席が埋まった会場で開演のベルが鳴る。座席に急ぐ観客と静まる会場……さあ、開演だ！

いつもの通り舞台が進んでいく。字幕もしっかり写し出されているでしょう。

ところがどのシーンあたりまで来た時でしょうか、なんだか騒がしいのです。場内をよく見ると私語があちこちで交わされています。おまけに「入退場は自由です」とでも事前に言われたのでしょうか、立ったり座ったりが目立ちます。いつも日本では「静寂そのもの」の中で演じてきただけに、覚悟していたとはいえこの有様に私はすっかり動揺してしまいました。

「どうしたものか……」少々とまどいながらも劇は進み「さあ、皆さん！　私と一緒に手を叩いてくださいよ」というくだりになりました。するとどうでしょう。場内割れんばかりの手拍子を取ってくれるではありませんか！　なかには嬌声に近い声も添えて聞こえてきます。途中で止めて元のセリフに戻るのが忍びないくらい。

後で聞けばこの講堂、普段はロックコンサートがたびたび行われているとのこと。このノリのよさはそこから来るのか～と納得！　今の若者たち、ノレるところでは大いにはじけるのでしょうね。

外事弁公室へ表敬訪問

　そしていよいよハルビンへ。

　この地は私にとって三度目の訪問となり、さすがにちょっと懐かしさすら感じます。

　今回は公演の前の時間を見計らって「黒竜江省人民政府外事弁公室・人民対外友好協会」を表敬訪問しました。日本でいうと県庁の国際交流協会とでもいいましょうか。でもそこは中国のお役所、威圧的でどこか官僚的な雰囲気さえ漂っています。

　副主任の王映春氏は新潟大学で学ばれ、日本の企業で仕事をなさっていたとか。実に流暢な日本語で応対していただきました。

「日本では百七十回も演じられているとのこと、中国を代表してお礼を申し上げます。どうかハルピンのみならず、地方の都市でもやって下さい。若者も大事ですが、中国では五十〜六十代に見せたいですから」

　こう言われたので、私は間髪を入れず、

「こちらはやる気満々なんです。けれどもやれ省庁や文化局の許可だの、どこそこか

ハルビン外事弁公室にて王英春副主任（右から二人目）と。右は石金耀会長

らの許可待ちだのと、とにかく面倒な手続きがいっぱいで。いくら養父母連絡協議会の石金櫂会長が奔走しても遅々として返事が来ませんし……だからやる気もそがれてしまうんですよ」と言い返しました。

穏やかな雰囲気の中で会談は終わりましたが「私どもでできることは後押しします」と仰った王英春副主任の約束は忘れないでおこうと思いました。

ふたたび同じ劇場で

ハルピンでは前回もお世話になった石金櫂会長、「紅十字会（日本の赤十字社）」会長の胡暁慧さんらと再会を喜び合いました。

公演会場も前回と同じ龍江劇場。

開演の幕が上がり、いつものように舞台が進みます。そしてある場面に来ると、前から二列目に座っていらしたはずの養父母の李さん、残留孤児の周さんの姿が見えません……いや、身を曲げるようにして下を向き、涙をぬぐっていらっしゃる姿が一瞬見えたのです。前回もそう

この花束！ 全てがデカい。龍江劇場にて

だったな……。

周さんはかつて、母親が目の前でロシア兵の銃で亡くなったことを記憶されています。舞台で子どもを殺めるシーンでは平静でいられないのです。

――ごめんなさいね、周さん。また思い出させてしまって……。

そして最後の場面、「私は中国人として誇りを持って生きていきます」という決意のセリフを言ったとたん、場内から大きな拍手がわき上がりました。二年前には起きなかった拍手が！　私は胸が詰まり一瞬次のセリフを落しそうになりました。

もうひとつ、前回は車いすごとぶつかるようにして駆け寄ってきた人懐こい笑顔の方秀芝さんでしたが、すでに鬼籍に入られたとのことでした。

二〇〇八年に公演した際は、黒竜江大学、ハルピン工業大学の学生さんを主に呼びかけたので、今回はハルピンで最も大きな外国語学部を有する私学の「黒竜江省濱才学院」の学生さんたち五十名ほどに観劇いただきました。女子の学生さんが多く、公演後の交流会でもとても活発に質問をしてくれました。

「この舞台を演じるきっかけは何ですか？」

「お話は実話ですか？」

「ひとり芝居って初めてみました！」

等々、とても多彩、かつはっきりとした質問です。

私は胡さんに催促されてこの場を離れてしまうのがとても惜しく感じるくらいでした。

うれしいメッセージ

今回のハルピン公演にも、多くの大事な友人たちが駆けつけてくださいました。

その中のひとり、フリージャーナリストの奥村正雄さんは、公演当日はちょうど方正県で撮影の仕事をこなされ、その足で公演に立ち寄ってくれたのです。

公演終了後、感想文をお願いするとこんな一文を寄せてくださいました。

なぜ……若い世代がこれだけ熱くなっているのに

奥村正雄

龍江劇場に入ってまず驚いたのは、客席を埋めた客層の若さでした。神田さんの熱演に圧倒されながら、それが頭から離れませんでした。

終了後に開かれた懇談会で、参加した若い女子学生さんたちが少しものおじせず、日本語で質問や意見を述べる姿を見ても、なおこの疑問は消えませんでした。

私は公演が始まるほんの四時間前に、中国で唯一建立を許された方正県の日本人墓地にいましたが、そこに残してきた仲間二人の顔を思い浮かべました。明らかに日本人孤児でありながら、祖国日本がどうしても日本人と認めようとしない一人の老女のために、厚労省に訴えるための写真を撮っているのです。

中国の若い世代が、この劇にこれだけ熱くなってくれているというのに……！

私はまた胸がいっぱいになりました。

そしてもうおひと方、北京より映画監督の段亦晴さんも駆けつけてくださいました。段監督は、養父母連絡協議会の石金櫂会長からのご紹介ですが、日本人残留孤児を育てた中国人養母を描いた映画『舞踏系』を制作されています。北京からハルピンまで観劇にお越し下さっただけでもありがたいのに、後日とてもうれしいお手紙までお寄せいただきました。

世界的レベルに達している舞台

段亦晴

お送りいただいた『帰ってきたおばあさん』のＤＶＤを観て再度感動が呼び起され、あなたの舞台芸術が単に日中両国に止まらず、世界的なレベルに達しているものと強く感じました。深い感動を呼ぶ物語と、生き生きと描かれた人物は、観るものを引き込み、芸術性と思想性が完全に一体となっていることを感じさせます。

この感動と生き生きとした躍動感は、つまるところ舞台芸術としての完成度が最高のレベルに到達していることによるものと思います。それは「精・気・神」——つまり、芸術としての精度、強い気力、日中友好と平和への献身的な精神からくるものでしょう。

先の大戦は言うまでもなく、今も世界のあちこちで続く戦争は、もっとも残酷な形でこの地球に巨大な不幸と悲惨をもたらしますが、人と人、民族と民族、国家と国家の間では、この歴史といかに対峙し、また未来に向かってどのように進むべきなのでしょうか。これはあなたを含めた平和を願う芸術家達の永遠の課題でしょう。

平和と発展、協力が時代の共通のテーマとなった今、『帰ってきたおばあさん』は、二つの異なる時代における日本人の戦争への認識と平和への願い、日中友好への強い希望を、独特の視点から描写しており、これによって観るものを強く感動させると同時に、深く考えさせているのだと思います。

段亦晴監督と。お互いの映画・舞台のチラシを交換しあって

コラム　平和探訪②

アウシュビッツのたんぽぽ

ユネスコの世界遺産は現在八三〇件が登録されていますが、人類の悲劇を風化させないために「負の遺産」として登録されているものの一つに「アウシュビッツの強制収容所」があります。

二〇〇六年三月、私たちがアウシュビッツを訪問した時、粉雪が舞っていました。同行の新潟出身の昌子さんはマフラーをすっぽり頭から巻き付け、ワナワナ震える唇を紫色にしてこう言いました。

「おお、寒い。こんなところに貨物列車で四～七日閉じ込められて送り込まれてきたんだね……」

いつまでも呆然として佇み続けていました。

それから一年一カ月後の四月半ば、私はこの地を再訪しました。

「こんなところ」だったはずのところにはなんと、あたり一面緑の雑草に！

しかもそこかしこには西洋タンポポが咲いているではないか、命の花が！

――よかった！

寂寞、荒涼、退廃感しか持てなかったこの地に、生をつなげるべく、語り継ぐべく、花弁による「命の連綿」が存在していました。

樹木が、花が、草木が、鳥が、風が、伝える。

忘れてはならない、人間の犯した最大の愚行を、と。

それにしても……

この広大な敷地をそっくりそのまま残して後世に伝えようと努力したポーランドという国と人々に感謝します。

他方、広島の悲劇はどうでしょう。戦後の経済発展の邪魔になるためか、残っているのは原爆ドームと記念碑、それに記念館のみ。「二度と起こしてはならない世界の忌まわしい歴史とその記憶」について、どこまで深く思いをいたすことができるのか……二つの国を見てつくづく考えさせられました。

ナチス撤退時に爆破していたガス室と焼却炉の跡（2003年アウシュビッツにて）

(三)大連〜北京にて〜中日国交正常化四十周年の中で

——二〇一二年五月、大連市芸術学校、大連大学/北京外国語大学、北京首都劇場

いよいよ首都・北京での公演へ……ですが、ここに至るまでにはさらに多くの貴重な出会いとつながりがありました。多少補足が必要になるのでそこから書き起こすこととします。

きっかけは于黛琴《ウタイキン》女史との出会いから

二〇一一年三月一一日の東日本大震災から八カ月経った一一月、調布市の仙川で『心はいつも被災者のみなさんと共に』という東日本大震災支援イベントが催されました。主催者はご縁を戴いている江戸川区にある「異業種交流グループ八年会」。

私はその催しの中で、十八番である民話『あずきまんまの歌』を披露しました。お琴奏者の谷本歌香さんの伴奏付です。この会に、少し前に知り合ったばかりの于黛琴女史をご招待したのです。

于黛琴女史について。大連出身の女優さんで、舞台や映画等で活躍された「国家一級演員(俳優)」でもあります。お会いした時はなんと八二歳でしたが、とてもそんな年

齢とは思えないくらいパワーあふれる、どこか頼りになる「親分」のような方です。

于女史はこれまで何度も来日されていて、日本の演劇界の重鎮である山本安英、山口淑子（李香蘭）、八千草薫、市川團十郎（先代）、沢口靖子といった方々とも交流を深めていらした方です。

その于さんとはじめてお会いしたのは、日本中国文化交流協会からのご紹介でした。日本の文化や芸能にも造詣が深い于さんは、日中文化交流の使節として一年間派遣され、演劇論等の研鑽を積まれていますが、指導教官的存在である元日本大学芸術学部教授の松原剛先生、元横浜国立大学教授の井関義久先生とは彼女を通して知己を得ることができました。

少し話が飛びますが、私はこのお三方を二〇一二年三月五日、浅草公会堂での私の舞台『帰ってきたおばあさん』にご招待しました。観劇後、于さんが「ひとり芝居なんて初めて観たわ」と不思議そうな顔をなさっていたのが印象的でした。

于黛琴女史と、2012年正月、拙宅にて
おせち料理に舌づつみの于さん

于さんとはその後も、食事をしたり自宅にお招きしたりしては、舞台・演技論を楽しく戦わせました。冒頭の仙川でのイベントに招待したのもそうした中でのことでしたが、時には私の舞台について辛口批評をいただいたりすることもありました。

たとえば『帰ってきたおばあさん』の中で、春代役の私が看護師になるところでは、白い制服を着た方がもっとはっきりするのではと提言。この場面ではほとんど上下黒の衣装で演じていたのですが、以来私は白衣を着用するようにしています。


于さんとの話では当然、私のハルビンや長春での公演に話が及ぶこともありました。そこで私は、漠然とではあるけれど長年抱いていた「夢」を打ち明けました。

――「残留婦人」や「残留孤児」についておそらくはなにも知られていない北京や大連あたりでも一度公演ができないものかしら、と。

するとすかさず、

「わたし、北京一の首都劇場のトップと親しいのよ」

そう言って携帯から即電話をなさるではありませんか。

「ワオッ、省庁あたりからさんざん待たされたり無視されたりしたのに……この人いったいナニモノ？」


私は驚くと同時に、于さんの力量、人脈の広さに敬服してしまいました。これまで中国の方というと大概は大雑把で、口では「大丈夫」とか言いながら実は聞き流すタイプが多いと聞いていたので、この速攻性と行動力にはたいへん驚かされました。

そしてこの時、電話に出られた相手というのが、北京にある歴史ある劇場「首都劇場」（正式名称「中国人民芸術劇院」）の院長、張和平氏。この方には後日たいへんお世話になることになります。

もっとも、電話の中では「なにしろ一度ゆっくり会いましょう」という感じだったようですが、いずれにしてもこの時の于さんの取り計らいには「感謝！」のひと言です。

さて、于さんとのご縁もさることながら、取材を通して知り合った小寺松雄記者にも、北京公演実現のために尽力いただきました。新聞社の北京支局長である小寺記者より「北京にある日本大使館の山田重夫公使に一度コンタクトをとってみたら」と勧められ、以後ほとんど無謀（無鉄砲？）とも思えるようなやり方で、熱いお手紙とメッセージを送り続けたのです。

――「北京、大連での公演に向けて力を貸してください！」と。

大連・北京公演への熱い想いを抱いて

そうしたこともあって、二〇一二年の年明け早々、大連～北京を訪問してまわりました。ただの「夢」がより具体的、現実的な形になるよう、中国の演劇界含めた関係者に向けた、いわば于さんとの「根回しツアー」です。

はじめに訪問したのは大連。松原剛先生は、中国の「三大名門演劇大学」、すなわち北京電影学院、中央戯劇学院、上海戯劇学院の中のひとつ「中央戯劇学院」に客員して、演劇論や脚本指導、演技指導等をテーマに教鞭を取ってこられた方です。先生の講義に感銘を受けた人も少なくなく、「大連市文化芸術聯誼会」の宋延平主席もその一人。是非五月にも講義をしてほしいと松原先生に希望をされたほどです。

こうして同年五月、大連市内の二箇所――「大連大学」と「大連市芸術学校」における公演が決まったのです。

続けて訪問した北京では、于さんに紹介いただいた首都劇場の張和平院長とお会いして、五月公演に向けて改めてお願いをし、一方で小寺記者経由で熱いメッセージを送り続けた駐中国日本大使館の山田重夫公使とも直接お会いして、北京公演にご後援いただけるよう、改めて要請しました。

ここでさらにもうひとり、日本に留学した中国人による「留日同学会」という組織の理事を務めている妻衛東氏の紹介により、同会会長で

北京・大連公演
『春代阿婆回来啦！』パンフレット

あり「中国工程院」（国務院直属のアカデミー）の副院長でもある旭口千氏を紹介いただき、この留日同学会にバックアップいただけたことも非常に大きな助けになりました。ですが、話がやや混乱してきたので、ここで初めて登場した婁衛東氏については頁を改めて説明することとします。

いずれにしても、ちょうど最初の一滴が一筋の流れになり、その流れが少しずつ集まることで大河を形成していくように、私のぼんやりとした夢が徐々に明確に具体化していくようでした。「北京・大連公演」という大河に向かって流れ始めた奔流の勢いを感じたのです。そんな年始早々の「熱い想いを伝えるツアー」となりました。

こうした過程を経て、二〇一二年五月、大連と北京での公演許可が、正式に下りることになったのです。これはもちろん、「日中文化交流協会」「日本国駐華大使館」ほか、多くの関連団体によるご支援によるものです。

由緒ある舞台です！　～大連市芸術学校にて

大連公演の会場のひとつ「大連市芸術学校」は、著名な俳優、雑技団生を送り出している由緒ある学校とのことです。

「この舞台（床）には京劇、演劇、歌舞伎、ミュージカルなど、世界の芸術界の重鎮たちの汗が沁み込んでいるんですよ……普通は貸し出すことはないのですが、今回は大連市文化芸術聯誼会の宋延平主席、元文化局の李局長のたっての願いとのこと、日本からお見えになったあなたのために、特別にお貸しするのです……」

同校が所有する劇場の管理責任者より、しかと申し渡された次第。正直ちょっとプレッシャーかな?と思いつつ。

でも残念ながら、歴史があり古色蒼然の会場なるがゆえに、照明・機材などは殆ど使い物にならず、日本から同行したスタッフたちは訪中早々大慌てです。「すべて完備していると聞いてきたのに」と心中の不満も収まらず……ですが、夜になって別の京劇会場から機材を調達してきて、ようやっと一件落着。遅い食事時間をとりながら、スタッフ一同も一安心した様子です。

ちなみにこの夜は、私の後援会長である根本郁芳氏の大連にある現地法人「根本新材料有限公司」の御用達レストランにて、新鮮な海鮮料理店で舌つづみを打ちました。

思えば、根本会長の現地スタッフのみなさんにも随分お世話になりました。ここにお

大連市芸術学校の前で、スタッフたちと

礼申し上げます！

そして迎えた公演当日。

昼間の休憩時間を盗んで、校内の稽古場らしい体育館を少しのぞいてみると……中国全土から選りすぐりの幼い雑技団員生たちでしょうか、なんと手足が長く、スタイルの良いこと！しかも稽古しているのは雑技というより「曲芸」です。よくもまあ、あんな風にしなやかに身体が曲がるもんだな……夢を抱いて日々稽古に励む若い団員たち、がんばれ！

ただ正直なところ、こんなに若い人たちに私の舞台のような内容がはたして理解できるのかどうか、一抹の不安はなきにしもあらず。でもまあ、なんにせよ同じ芸術仲間じゃないか。大丈夫、大丈夫！と自分に言い聞かせて開演を待ちました。

そして開演時間。前列に低学年、後列には役者・脚本家ほか、多数の大連の要人らしき面々の姿が垣間見えます。日本から同行された松原先生、井関先生も臨席し、会場はいつしか満席となっていました。

舞台が順当に進み、カーテンコールの時間になると、会場中列あたりからなんとスタンディングオベーションが起こり、私はわが目を疑いました……はたして、それは主催者の宋延平主席はじめ、元文化局長の李氏、学長の馬志歴氏ほか、本公演のキーマンの方々だったのです。

「さすが文化人、マナーをわきまえていらっしゃるなあ……」

鳴り止まない拍手を受けつつも、とても感心してしまいました。なにしろスタンディングオベーションを受けたのはこの時だけでしたから。


公演後の反省会では、松原先生たちより字幕など不備について容赦なく指摘いただきました。確かにご指摘されたとおりで、中学生くらいの団員にはテーマ的にも無理があったのでしょう、途中から内容が判らず、飽きてつまらなそうな顔をしていた子が目立ちましたから。

公演前に懸念していたことが現実になってしまい、ちょっと苦い大連の初日でもありました。

やはりそこで拍手が……大連大学にて

前日の反省もしっかり踏まえて、大連の二日目は大連大学での公演。

流暢な日本語を話す宋協毅副校長はじめ、大連大学日本語言学部の生徒さんたちも含めて三〇〇名以上の方々に、実に静かに観劇いただきました。昨日の若い中学生たちが醸し出すムードとはまるで違った環境の中、演じる私も落ち着いた気持で、最後まで緊張感を維持して、しかも楽しみながら、演じ続けることができました。

新体験がひとつ。これまでの訪中公演ではなかった場面で拍手が起きたのです。一瞬わが耳を疑ったほど。

文革時代、主人公の春代が日本人であるがゆえに投獄され、そうとは知らず犯してきた罪に気づいて謝罪するシーンです。

「中国のみなさん、聞いて下さい！　私は侵略者の手先でした！　でも……でも私は、その意味も解らず、『国策』としてこの国にやってきたのです……私はあなた方の土地を奪い、多くの尊い命をも奪いました！」

静寂を破るがごとく、割れんばかりに共鳴する拍手が一斉に湧き起こりました。

――そうか、ここはやっぱり中国なんだな……と、納得がいく反響でした。

杉山義法先生がこだわられた「加害者としての意識」が、普遍的なメッセージとして観衆に訴えかけたのでしょう。

「日本は加害国だ。だが政治家も関係者たちも、だれも謝罪したがらないのを、一農民たるおばちゃんが謝罪する。そこをしっかり言わないと……」

杉山先生の声が聞こえてくるようです……

外に出ると大連の海が心地よく広がっていました。

日本にも被害者がいたのですか？　～北京外国語大学・千人礼堂にて

そして、首都・北京。何度も書いてきたとおり、公演で訪問するのは初めてのこと。まさに感無量！

「神田さち子ひとり芝居観劇実行委員会 in 北京」のメンバーのみなさん、「北京外国語大学日本学研究センター」のみなさん、それに日本から留学中の若い役者の卵たち、たくさんの方々のお力添えでここまでたどり着くことができました！

北京空港に到着すると、これまで連絡を取り合って顔なじみでもある洪暁文女史がロビーで出迎えてくれました。北京外大～首都劇場公演の立役者のひとりである小寺松雄記者の部下で、また一児の母でもある方です。

同行したスタッフは一息入れる暇もなく、到着したその足で市内の二つの会場に直行し、会場下見と打合せです。事前の「何でもあるよ」が実際の会場では「何にもなかった」という珍事はもはや珍事でもなんでもなく、たびたび体験してきているため、ここは慎重にチェックします。

そして迎えた北京での公演初日。市内中心地より一時間ほど西北の大学地区、「海淀区」に位置する「北京外国語大学」が公演会場です。

開演前に、小寺さんと共に力を合わせて公演実現に奔走してくださった「留日同学会」理事の婁衛東さんが挨拶をしてくださいました。舞台の袖で待っているとかなりの時間だったので、おそらく学生のみなさんや一般の方々に向けて、芝居の背景にある「残留婦人とは？」や「あの戦争における日中間の問題点とは？」等について簡単なレクチャーをしてくださったのでしょう。前にも書きましたとおり、一般的な中国の人たちにはまず聞いたこともないテーマでしょうから、とてもありがたい配慮でした。

会場の「千人礼堂」は、その名のとおり千人くらい収容できる講堂。入口には大きな垂れ看板が掲げられ、「やっぱり、デカい！」と妙に感心。この広いホールに、小寺記者と婁さんの尽力のお蔭で学生さんや一般の市民の方々、それにマスコミ関係者等々、大勢の観客にお越しいただきました。

そして私は、前日夜までかかってスタッフやボランティアがみなで手作りした小道具の椅子に座って演じることとなり、観衆のみなさんは、声ひとつ立てずに観劇してくれました。

終了後、日本語と中国語で多くのアンケートが寄せられました。数葉をあげると、

「中国では日本軍侵略のものばかり放映するが、日本でもこんな形での被害者がいるのを初めて知った」

「日中が自由に行き来できるので私は留学でき幸せ！　本当に戦争はいけないと思う」

中には、

「夫の仕事の関係で北京に来ました。中国と日本は戦争したのですか？」

というものまであり、世代間ギャップなのか、歴史認識の問題か、はたまた日本の教育システムの欠陥でしょうか……ともかく理解に苦しみました。驚きを通り越して少し憤りすら感じつつも、「歴史と対峙する重要性、歴史的な事実を先人として後世に正しく語り継いでいく責任」を改めて痛感させられました。

空港で出迎えていただいた洪暁文さんの息子さん、楽楽くん（8）からは公演終了後、大きな花束をいただきました。さらに帰国後は、

「舞台のお話はお母さんから聞いていたのでよくわかりました。将来は日中友好のために何かしたいです」

というお便りまでいただきました。なんと頼もしいメッセージでしょう！

この公演には中国国際放送局員の王小燕さんも観劇。公演後の取材では、ご自身も日本留学中に民話を語っていたというお話もされ、つい話が盛り上がってインタビュー時間がオーバーしてしまったほど。

さらに、日本の新聞社からの取材もありました。私の地元・福岡に本拠を置く「西日本新聞社」北京支局の久永健志記者からの取材です。

反響の大きさに、さすが首都北京！と実感しました。

それにしても……

大連での二公演、そして北京外国語大学と、短期間にこれだけ集中した異郷での公演に疲れもピークに達しているであろうスタッフのみなさん。万全の機材や照明が揃わない中、今回ツアーで最後の公演となる首都劇場の準備は深夜にまで及びました。小道具の椅子などもその場で作ったり……思えば本当によくやってくれました！

首都劇場（中国人民芸術劇院）にて

そして迎えた五月二〇日。いよいよツアー最終日、首都劇場での公演です。

繰り返しですがここは歴史ある専用ホール（小ホール）で、場所も北京の目抜き通り「王府井」のど真ん中です。

正面一列目には主催者の留日同学会の旭日千会長、首都劇場（人民芸術劇院）の張和平院長、日本国駐華大使館の山田重夫公使が臨席。

そして二列目には、于女史はじめ、日本全国からご参加いただいた「観劇ツアー」の団体客のみなさんの姿が……ここでやっと会えました！　今回も大勢の方々にお声がけし、ご参加いただいていたので、みなさんとこうしてこの首都劇場でお会いすることができて、私はホッと胸を撫でおろしました。

ここでも開演前、旭会長からご挨拶を賜わった後、さあ開演です。

このホールは舞台と客席の一体感を重視して設計されているため、今回の「大連・北京ツアー」の締めくくりにふさわしく、観衆の息遣い、視線まではっきりと感じられます。これほど至近距離での舞台は初めてのこと、生涯忘れられない経験となりました。

中盤、中国語の勉強のシーンでは私も思わずノッてしまい、

「ツアーのみなさん！　はい、いま聞こえたのが本物の中国語ですよ！　ライブ!!」

とアドリブが出たほどです。

そして公演終了後。臨席いただいた来賓のみなさんが待ち構えていたかのようにそば寄っていらして、

「素晴らしかったですよ！」

お誉めの言葉とともに、握手をしてくださいました。ここに至ってようやくホッとした、そんな一瞬でした。

北京首都劇場（外観）

海南島出身で今回のツアーではガイド役の陳さんも、同伴したお嬢さんと満足した様

子で「よかったよ！　内容もよく分かったし」と抱きついてきました。

于黛琴さんも親指を立ててＯＫサイン。思い起こせば于さんがあの時、首都劇場の張和平院長にその場で電話をかけてくださったことが最初の一歩でした。こうして実現した首都劇場での公演を見届けられて、さぞホッとされたことでしょうね。

そして、長い時間、長い距離を支えてくれたみなさま、本当にありがとうございました！

心から感謝の意を込めて——謝謝、大家！

首都劇場公演終了後の交流会にて

この日は中国公演の締めくくりとして交流会を開きました。

日本からの観劇ツアーのみなさまはもちろん、現地でお世話になった方々、婁衛東さん、外大の李さん、新聞記者の小寺松雄氏なども一同に会していただくことで、現地に住む方々と触れ合う機会がほとんどない日本からの観劇ツアー参加者に、今の中国事情

北京首都劇場公演終了後、全員で大成功の記念撮影

などホットな話を伺ってほしいと計画したのです。

観劇ツアーのメンバーについて。九州からは母の教師仲間だった元教師の水城可さん、久保山淑子さん、今井佐和子さん、大阪堺市からは浅田美奈子さん、田丸博治、寛子さんご夫妻、川崎弘子さん、千葉の杉山那々子さんと友人の小鷲あやさん、唐沢一成さん、千葉柏市からは北原友行さんご夫妻と妹さんたち、それに東京の室井光子さんご姉妹で、計一六名。私の大連公演中は、万里の長城、故宮、天安門広場ほか名所・旧跡をご一緒なさっていて、今ではすっかり旅仲間のご様子です。

さて、交流会での第一声――

「神田さん、本当にやり遂げましたね」と北原さん。

「凄いですね、私が出会って知っているあなたは国際婦人教育振興会での一会員。そこの事務局でお手伝いなさっていた方なのよ」と室井さん。

田丸さんは、「勝造さん（春代さんの夫）の心境を

首都劇場公演終了後は交流会を開催、活発に意見交換しました

思うと……どんなに会いたかったろうに。戦争という極限状態で引き裂かれた夫婦ですからね……」

と、声を詰まらせながら感想を述べられました。

北京という地で共有したみなさんの感想を伺いながら、私はさらに伝えていく意欲が湧いてきたのです。

続いて、妻さんのここまで企画・実現へのご苦労・奔走談、李さんの外大での裏話を含めて、中国の家庭の様子……等々、いろいろ質問も出てきて時間が経つのも忘れたほどでした。

ツアーに参加されたみなさんは、日本で何度も公演を観劇なさった方ばかり。中国のみなさんを相手に演ずる私や会場内の雰囲気など、一番気にして目ざとく見つけ、感じ取られる方々ばかりなのです。

そんな中、水城さんは、

「〝日本鬼子〟と書かれた三角帽をかぶって謝罪するところ……あそこにライトが当たらず、薄ぼんやりとしてそこが残念だったわ」

とかなりがっかりした様子。

戦争の加害者である日本人として、この一市井人の春代さんが謝罪する――そう、大連公演で割れんばかりの拍手が鳴り響いたあの場面です。

「北京の要人が観劇なさっていただけに、このシーンにはしっかりライトが当たり理解して欲しかったの」

水城さんは最後に残念そうにこう加えました。

「舞台」という形をとって信念・想い・願いなどを表現するための一手段としての照明・字幕の役割。やはり照明・音響・舞台道具など、裏方のどれが欠けてもこの作品は成り立ちにくいのだということも改めて認識させられました。

交流会終了後、山田重夫公使、留日同学会の旭日千会長、首都劇場の張和平院長らが別室でお待ちになられていて「素晴らしい舞台でした」と口々に感想を述べていただきました。みなさまもそれぞれに肩の荷をおろされたことでしょう。本当にありがとうございました！

国境を越えたつながりに

先に「長い時間を支えてくれた」と書きましたが、冷静に考えると実は意外と順調にことが運んだのかもしれません。でもそのためにはどれだけ多くの方々のお力とご支援を頂戴したことでしょう。

尽力いただいた方々について、感謝の意も込めてここで少しフォローします。

『帰ってきたおばあさん』中国公演の支柱となった方は、于黛琴さん、小寺松雄記者、それに婁衛東さんのお三方。

于さん、小寺記者については先に触れましたので、ここでは婁さんについて補足します。

婁さんと私をつないでくれたのは、二〇〇六年の博品館劇場での公演以来、支援いただいている栃原広幸さんです。栃原さんが一九八七年、河南大学に留学していた時に同大学の日本語学科に在籍していた婁さんと知り合い、二人はそれ以来の縁とのこと。

博品館公演からしばらくして、「一度中国で公演したい」と栃原さんに相談したところ、北京の婁さんを紹介してもらい、婁さんが理事を務める「留日同学会」から北京の文化局に働きかけて、中国での公演が実現したのです。

また公演許可以外にも、現地での公演には必須となる中国語字幕の作成の面においても、婁さん、栃原さん、さらに栃原さんの知人である陳牧青さんによる「海を挟んだ連携プレー」がありました。「残留婦人」という中国では全く馴染みのないジャンルについて、資料や文献を調べていただき、現地のみなさんにも理解していただけるよう練り直してくださいました。この国境を

婁衛東さんと

越えたつながりに、改めて感謝したいと思います。

さらに、小寺記者を通じて知己を得ることができました、日本大使館で文化担当をされていた山田重夫公使には、どうしたら北京で公演を実現することができ、また現地の方々に抵抗なく受け入れていただけるか、一緒にお知恵を絞っていただき、細かなアドバイスまで頂戴しました。「大使館」というと敷居が高くてなかなか近寄れないところというイメージでしたが、公演実施に向けて少なからず足を運ばせていただき、いま思えばとても貴重な機会でもありました。

たとえひと針の進みでも、継続すれば確実な縫い目が残る運針となります。

そうしたひと針、ひと針の運針が見事に花開いた「パノラマ刺繍絵図」が、北京での公演だったのだと思います。

山田重夫公使（左）、小寺松雄記者（右）と

（四）安徽省にて〜残留婦人とともに——二〇一五年三月、安徽省黄梅戯劇院

王先生との出会い

あれはいつお会いした時だったでしょうか。王先生より、

「舞台の主人公、春代さんとそっくりの人生を歩まれた方が安徽省にいらっしゃいましたよ。一度会いに行きませんか」

そうお誘いいただきました。

王先生というのは、北京電影学院教授の王乃真先生。長年にわたり中国残留日本人婦人とその近代史を研究され、それをドキュメント映画として制作しようと取り組まれている方です。


初めてお会いしたのは二〇一三年二月のこと。やはり小寺松雄記者のご紹介で、場所は調布にある老舗和食店でした。

王先生との出会いは、小寺記者の北京支局長時代に遡ります。

現地で開催されていた「日本映画祭」の帰り際に、小寺記者がちょうど前を歩いていた王先生に後ろから「どの映画がお好きでしたか？」と声をかけると、王先生は笑顔で「私は中国人ですよ」と答えて二人で大笑い。それから親しくなって何回かお会いする

うちに、私のことや『帰ってきたおばあさん』が話題になったとのこと。まだ舞台もご覧になっていないのに、王先生の頭の中には取材対象として私のことがすぐにイメージ付けられたようです。

王先生にその理由をお聞きすると、話は次々と広がります。

「日中友好のための努力――これこそが私が求めている題材であり、また両国が取り組まねばならないことだと瞬間的に閃いたのです。一刻も早く神田先生にお会いしてお考えなり、人となりに触れてみたいと思いましてね。すぐに勤務先の大学に五回くらいでしょうか、企画書を書き直して提出、やっと訪日の許可が下りました」

「こうして実際に神田先生とお会いしてみるとやはり思ったとおりで、残留孤児や残留婦人に対する考え方など、互いの考えが合致しました。両国がお互いにもっと歴史のことなども反省しなければ、という点でもね。神田先生を通して広がった残留孤

王乃真先生との議論はいつも熱がこもって時を忘れました
（2013年2月、調布にて）

児との出会い。これは私の取材意欲を更に高めました」
「何度も来日しては若者たちも取材しました。ところが彼らからは『心が重くなる。歴史の中の被害者のことを思うと悔しくて先に光が見えない。その上一体どこの国の話なんだ?』なんて反応が来るんですよ。どんなに悲惨な話であっても歴史は消し去ることはできません。だからこそ、今現在撮影しているドキュメント映画が必要だと思うのです」
「単なる記録映画ではないものを作りたい。もちろん作品の完成だけが目的なのではなく、制作過程はもちろん、今後両国が力を合わせて平和についてずっと語りあい、平和を守り続けられるか、そういったことも問い続けるような作品に仕上げたいですね……」

熱っぽく、ある時は激昂し、また時には涙して語られる王先生のお話に、私は真の中国の方の心意気、国籍を超えた人間としての良心を知らされました。

このご縁を大切にしたい――心からそう願った出会いでした。

やっぱりダメか

この出会いの後、王乃真先生はスタッフの方々とともにあちこちを奔走されて、二〇一四年六月に安徽省安徽大学での公演および学生たちとの交流会、さらに安徽省合肥市在住の残留婦人、桂川きみさんの訪問と招待公演をセッティングされました。そのご心労たるや、想像を絶するものがあります。

ところが、この年はちょうど天安門事件から二十五年という節目。学生たちのデモや爆発襲撃事件が各地であいつぎ、中国政府により学生集会禁止令が発令されました。当然のことながら、王先生が尽力して設定した一連のスケジュールも水泡に帰すことになってしまったのです。

忙しい大学での講義の合間をぬって、広大な中国大陸を縦横に廻り、一年以上にもわたって着々と準備を進めてこられた先生のご苦労を思うと、「一枚の禁止令」によって生じた誤算への怨念、諦観を考えざるを得ませんでした。

残留婦人との出会い〜桂川きみさん

いったんはご破算となった安徽省への公演ツアーでしたが、現地在住の残留婦人との交流だけはなんとか再度調整いただけることとなりました。

そこで二〇一四年七月二一日から一週間、北京〜安徽省〜江蘇省と廻って、お二人の残留婦人を訪ねるという「暑い、熱い旅」。王先生に感謝するしかありません。

そのお一人が、合肥在住の桂川きみさん（当時90）です。

小柄な私よりもう一まわり小さく細いきみさんは、笑顔がとてもかわいい「おばあちゃん」。数年前ハルビンでお会いした養父母さんの笑顔を彷彿とさせます。

お話を伺うと、生まれは一九二五年で岐阜県出身。十八歳の時、夢と希望で胸を膨らませて満州へ。両親、兄姉、甥たちと吉林省延辺の開拓団農場で働きました。四五年八月、ソ連が対日参戦して軍が満州に侵攻。村長の「三分間で逃げろ」の一言から逃避行へ。青年団として村の子供たちを連れて先陣として出発。両親とはこれが終生の別れとなった……

逃避行中は、ソ連兵、オオカミに脅え、飢餓と戦い、日本兵の山のような死体にも遭遇し……合掌して、やっとたどり着いた村で中国人と結婚。その後は四人の子供にも恵まれ、今は子や孫たちとともに幸せに暮らしている。

「でもねえ、日本はやっぱりいいですね……」

クルクルした目を伏し目がちに語った「ずっと日本に住んでいたかったけど……」という言葉に、きみさんの七十二年にもわたる中国での生活が偲ばれました。

「遠いところをようこそ！」ときれいな日本語を話す桂川きみおばあちゃん。小林千恵さんと

安徽省のご自宅には日本製の電気釜がありました。きみさんが一時帰国した際、実家のお兄さんがお土産にくれたものだそうです。

――この時、兄に「このまま岐阜にいたい」と言うと、兄がこう言ったんですよ。「今帰国したらあなたは二度家族を失うことになる。一度目は開拓団の時で、二度目はいま。

安徽省での中国の家族はどうなりますか。やっとつかまえた幸せな家族ですよ」

それから兄は、

「ずっと岐阜にいるからいつでも里帰りをしておいで。私はこの地でずっとお前のことを待っているから」そう言って電気釜を持たせてくれたのです……

「二度家族を失う」と語る言葉に、多くの残留婦人たちが抱える悩みや苦しみについて深く実感させられた、そんなお話でした。

伊藤郁子さん

もうひと方、江蘇省南京市郊外に在住の伊藤郁子さん（当時89）。

マイクロバスをチャーターして早朝に南京を出発。高速道路をひた走ること五時間。かなり田舎の如皋《ジョコウ》という町へ。

「やあー、いらっしゃい！　さあ上がって、上がって」

張りのある声が奥から聞こえます。看護師として仕事を全うし、どこか凛としたところがある郁子おばあちゃん。略歴を伺うと——

岩手県盛岡市の日赤看護婦学校を卒業。一九四五年春、「中国東北第一陸軍野戦病院」に派遣され、言葉も分からない新米看護師として一生懸命働く。日赤の教え「命を救う」を遵守して……。

敗戦後、自身の命すら危険な状態にある中、解放軍に引き留められて「解放軍牡丹江野戦病院」の看護師となる。そこからさらに解放軍にも従軍してこの国へ順応していく——。

その後、軍関係者と結婚。文革時代、夫の職場には紅衛兵が毎日押し寄せ、その度に夫は「反省しろ！」と糾弾された。文革終了後は、一人娘を連れて夫の故郷である如皐へ移り住み、いまに至る。娘も助産師とのこと。

「日本の若者は臆せず、どんどん中国の人と交わらないと。尻込みしちゃダメ」と、気合も十分な郁子おばあちゃんでした。

テキパキとした郁子おばあちゃんはもと看護師さん

お二人の共通のメッセージ――「戦争は嫌です。絶対にやってはいけません!!」

そして、ついに実現！～安徽省黄梅戯劇院にて

二〇一五年三月二七日――とうとう実りました！　いったんは実現不可となりながら、その後も地道に当局と折衝を重ねた王先生の努力が。

桂川きみさんに捧げる『帰ってきたおばあさん』公演。場所は中国でも由緒ある「安徽省黄梅戯劇院」です。王先生の喜びもいかばかりか……本当によかった！

さて、公演当日。リハーサル～本番と万事が滞りなく、スムーズに進行しました。機材がほぼ揃っていたほか、中国語が堪能で演劇界での経験もある小林千恵さんのきめ細かいサポートが大きかった。彼女は王先生が教鞭を執る北京電影学院で学ぶ留学院生。楽屋の鏡、アイロン、ティッシュ、昼食、花束、等々……本当に助かりました。千恵さんは前回（二〇一二年）の大連・北京公演にも同行しており、今回にかける意気込みも相当なものでした。

「前回を上回る素晴らしい舞台にしなくちゃ。それがこの地に留学している者の役目。緊張は昂まるばかりです」――と、私たちに若者らしい日中友好の一端を見せてくれました。謝々、謝々！

場内には、きみさんと四人のお子様ご夫婦、お孫さん、ひ孫さんと、四代にわたる親

類を主客として多数ご来場いただき、三〇〇席は満席。字幕も完璧なもので、観衆は吸い込まれるように釘づけでした。

終了後、劇場支配人の柳氏は、

「劇場始まって以来の素晴らしい舞台。そして最高の観客！」

と絶賛。本当にここは中国なの？と思えるくらい静寂な中での舞台運びでした。演じる側もおのずと気合が入る「祈りの舞台」でもありました。

花束をかかえるきみおばあちゃん
「まるで夢のような時間」

公演終了後、きみおばあちゃんと舞台に立って
なりやまぬ拍手が聞こえてきました

公演終了後、桂川きみさんは舞台に上がって花束を贈られ、

「まるで夢のような時間でした……」

と、きれいな日本語で挨拶しました。

「戦争の悪夢は二度と嫌だけど、こんなにうれしい夢の実現はいつまでも味わっていたいですね……きみおばあちゃん、本当にここまでよく生き抜いてくださいました！」

私も胸が一杯になり、心の中でこう言い続けていました。

最後まで撮影のカメラを回し続けていた王先生の目からも涙がこぼれていました。

――王先生、本当にありがとうございました！

後日談になりますが、愛くるしかったきみおばあちゃん、郁子おばあちゃんも、二〇一九年に相次いで鬼籍に入られました。合掌

〈追記〉この日はＮＨＫからも取材が入っており、二〇一五年四月二一日、ＢＳ１にて『国際報道二〇一五――「残留婦人」思いを伝えるひとり芝居』として放映されました。

第四章

二つの賞とお世話になった方々

これまで私は、本当にたくさんの方々とお会いし、多くのご支援とご協力をいただいてまいりました。

さらに近年は二つの栄えある賞を頂戴する幸運にもめぐまれました。二つの賞への返礼と、お世話になった多くの方々への感謝の意も込めて最後を締めくくりたいと思います。

澄和 Futurist（とわ・フューチャリスト）賞

「私、監督とは成城の喫茶店で二度もお目にかかったんですよ。厚かましくも私の友人と写真をお願いしたらどうぞと気軽に応じてくださり……その時はもう、友人と感激して！」

「そうでしたか、そんなことがありましたか。あなたのお住まいは、えーと……調布でしたか。成城なら近いですからね」

二〇一七年一〇月二七日、山田洋次監督とこんな気軽な会話をできたのは、一般財団法人「澄和（とわ）」（村石久二理事長）が主催する第二回「澄和Futurist賞」授賞式の控室でのこと。

「澄和 Futurist 賞」とは、「自然と調和し、和む世界を目指す澄和の理念に沿った活動をしている人に与えられる賞」で、一般財団法人「澄和（とわ）」が主催しています。

理事長の村石久二氏は、私と同じ一九四四年生まれ。実は賞のお話しをいただいた時は賞のことをなにも知らず、少し緊張もしていたのですが、理事長とお会いして面談を受けた時、同い年ということがわかりすっかり緊張がとれ、気がつくといつしかタメ語になっていました。

村石理事長は、

「僕が七十歳になって、会社も順調、関係各位、社員もその家族もみんな幸せに仕事ができていたならば、僕はその後の人生を平和のために貢献する仕事、役目を果たしたい」

そう心に決めていらしたそうです。

故郷は長野県須坂市とのこと。これもなんというご縁！　私の四十年来の親友であり、長野公演の実行委員長も務めてくれた丸田藤子さんも須坂出身なのです。彼女から折あるごとに、自然豊かな町、村の様子を聞いていました。こんな場面で重なるなんて……と、勝手ながら村石会長とはすっかり距離が縮まりました。戦後すぐの小学校のこと、大らかな学校教育、給食、乾パン、薬、等々……もう歯止めが効かないくらい話が弾みました。

理事長は途中、次の会議のため退席なされましたが、その後は事務局の青柳信久事務局長と日高加容子さんが私の対応をされました。

お二人は二〇一七年七月、多摩市で開催した『帰ってきたおばあさん』を観劇してくださいました。

これに先立ち、澄和 Futurist 賞推薦者の山本美紀子さん（大田区公演事務局長）が澄和事務局に宛てて以下のような推薦文を送り、この舞台を観劇いただくようお願いしていたからです。

ひとり芝居『帰ってきたおばあさん』は、戦争がいかに取り返しのつかない悲惨なもののか、平和がいかに尊いものか、改めて認識させてくれました。

戦争から生まれるものは平和などではなく、そこでは極限の疲労と飢餓、肉親との死別など、想像をはるかに超えた苛酷な現実であると同時に、戦争というものがいかに人を狂気にさせるものか――彼女は「ひとり芝居」という舞台芸術を通して、そうした厳しい現実を描き出し、同時に平和への願いも観衆に強く訴えかけています。

さらに未来に向けて、若者たちにもそうした想いをつなげるため、公演のみならず「講演」にも積極的に出向いて幅広く活動しています。

戦争の愚かさ、平和の尊さを伝えるための努力は並々ならず、よって彼女を推薦します。

青柳事務局長と日高さんには早速、多摩市での公演をご覧いただきました。さらに公演終了後は、お二方より二時間以上も取材を受け、この芝居を始めた動機、各地での公演の様子のほか、中国公演にまで広く話が及びました。柔和で温かいお人柄のお二人とのご縁にとても感謝しております。

私は後日、仲間たちと「相田みつを美術館」にも度々足を運んでいますが、ここは澄和Futurist賞の選考委員の一人であり、澄和評議員でもある相田一人氏が館長を務められており、一般社団法人澄和の事務局もまたここにおいているためです。

澄和Futurist賞の受賞式に話を戻します。

受賞の挨拶で、山田洋次監督は、

「ぼくには作りたい映画と、作らねばならない映画がある。この二つが重なっている場合にいちばん良いものができるんじゃないかと。ずっと昔からあるもののなかなか実現できなかった。こういう賞をいただいた今だからこそ、それができるんじゃないか。体が続く限りもっともっと映画を作りたい」

こう挨拶されました。

これに続く私は、興奮冷めやらないまま（緊張も）、

「この栄えある受賞は私に〝戦地での声なき声〟をもっと伝えていってくださいよ、と訴えるエールだと思っています。これからも更に頑張って演じ伝え続けてまいります」

こう挨拶して壇上を降りると、喉はもうカラカラ。傍に寄ってみえた毎日新聞の井上志津記者の顔を見てやっと地に足がついた気がしてホッとしたものです。

晴れの受賞式の帰路、私はここまで、本当にたくさんの方々に支えられながら、地道にコツコツと頑張ってこられて、なんと幸運だったのかと心から思いました。

澄和のパンフレットの最初にこう書かれています。

澄和Futurist賞授賞式にて挨拶　（(一財)澄和事務局）

「未来を創る人」
今この瞬間もたくさんの方々が
それぞれの想いを胸に
誰かのために汗し、
黙々と自分の信じる道を進まれています。
その想いが次世代へ継承され、
素晴らしい未来に
繋がっていくことを願い……

そして村石久二理事長の言葉――

「グローバルな資本主義経済が猛スピードで進む現代において、流れを変えようなどということは途方もないテーマに違いありません。人間が他の動植物と同じように、地球の一員に過ぎないことを悟り、調和しながら生きるようになるには、千年単位の時間を必要とするのでしょう。

『澄和』を通じた取り組みが、大海に向かって小石を投げるようなものに過ぎずとも、その波紋がゆっくりと広がり、いつか力強い波につながるならば、チャレンジのしがいもあります」

（いずれも「一般財団法人澄和」パンフレットより）

参考までに、澄和Futurist賞の第一回受賞者は、吉永小百合さん、元「青春を語る会」（沖縄戦で従軍看護に携わった女子学徒隊）代表の中山きくさん、戦没画学生慰霊美術館「無言館」（窪島誠一郎館主）のお三方。

そして第二回受賞者は、山田洋次監督と、映画『人生フルーツ』でも話題になった都市計画家の津端修一さんと夫人の英子さん、それに私でした。

SEINAN Woman of the Year 2018（西南ウーマン２０１８）

私は一九六三年、福岡市のはずれ西新にある「西南学院大学」に入学しました。大学は静かな住宅街の奥に位置し、その先には松林が続いて、砂浜へとつながっていました。まさに校歌にもある「青松白砂の地」です。

神学部の教授宅から外人の子供さんが出入りするのも物珍しい時代でした。中学・高校と国文学少女だった私が、伝統ある西南学院大学のなぜか文学部英文科に入学したのだから、さあ大事（おおごと）です。

この大学には四回生で兄も在学中でした。

満州から引き揚げて後、両親はなんとか公務員の仕事を見つけ、戦後を働き詰めでやってきました。

そのなけなしの給料から二人も私学へ通わせるわけにはいきません。

母は職員室で先輩教師らに、

「娘が英文科に受かった。将来のことも考えるとどげんしたもんかね……」

と、苦悩の相談をしていたと、随分あとになってから聞きました。

授業料もさることながら、連日の英語三昧の授業には泣かされました。毎日が置いてけぼりの心境でまるでついていけないのです。ミッションスクール出身の友人たちの流暢な英会話に、何度授業をエスケープしようと思ったか……いや、実際にサボっては砂浜でぼ～～っと海を眺めていた日もありました。

思い起こせば真理の探求の場は、「重い、苦い学問」との戦いの場でもありました。

でもそこには、校歌にもある
「遥けきかな わが行く道／さあ友よ 使命重し／起てよ勇ましく」

といった奮起の精神のとおり、その後の私の生き方にも大きく影響したようです。

地元で受験勉強しか見えていなかった私は、卒業後は紆余曲折の中から「自分しかできない仕事」を見つけることになりました。

あれから五十年――
由緒ある西南学院大学女子同窓会「西南ゆりの会（藤井千佐子会長）」より、光栄にも第二回「西南ウーマン」に選んでいただきました。卒業生の中からその年に顕著な業績を上げた人を表彰する、というのが趣旨とのこと。

生前、私の舞台を観劇しては毎回涙していた母。もしこの受賞を知ったらいつものように、

「えっ！　あんたがね⁉」

と相好をくずしただろうな……しみじみ両親を想ったひと時でもありました。

そして二〇一八年一〇月二〇日。母校で祝賀会と記念講演を開催してくださいました。演題はこれまでと同様、『残留婦人との出会い』。

会場には中華人民共和国駐福岡総領事官・孫忠宝副総領事はじめ、中国帰国者の方々も招待され、多数の方々が参加されました。終始温かい雰囲気の中、会は和やかに進みます。

孫副総領事は、

「中国、日本の国の違い、職業や立場の違いを超えて、平和な世界のために、力を合わせて頑張っていきましょう」

とご挨拶されました。

「西南ゆりの会」会報に掲載された
「西南ウーマン賞」受賞記念

会場ではまた、

「私も残留孤児でした。今日初めてこんな席に参りました」

しっかりした祖国の言葉でこう言って駆け寄ってこられる方々もいました。

思えばこれまで、信州、大阪、千葉、新潟ほか、全国津々浦々を訪れては、多くの帰国者の方々とお会いしてきました。

そしてここ福岡にも、「国策」で満州の地に渡った方は大勢いらしたのですね。

この日を迎えるまで、シャフナー学長、および「西南ゆりの会」の担当者のご心労はさぞ大変だったことと思います。本当におつかれさまでした！　そして参加された多くの方々にもこの場を借りて感謝申し上げます。

とても奇遇ですが、前項で記しました「澄和 Futurist 賞」の第三回受賞者は、歌手のＭＩＳＩＡさん。実は彼女も九州出身で、なんと西南学院に在学していたのです。

「音楽で人をつなぎあいたい」とアフリカへの教育支援を目指している、とても素敵な後輩です。

お世話になった方々

ちばてつや氏　漫画家

ご自身も旧満州からの引揚者ということで、はじめて私の舞台を観劇していただいてから、いつも変わらずエールを送って下さっています。第三章でも触れましたが、『おばあさん』のチラシに書かれているイラストはちばさんの作品です。本当にありがとうございます！

以下は『おばあさん』の二十周年記念に際して寄せていただいた文です。

二十周年記念に寄せて

おめでとうございます

この舞台を最初に観たのは二〇〇四年西東京市の「こもれびホール」でした。

十二年前ですね〜〜。よく演じ続けてこられましたね。

ちばてつや

ちばてつや氏と（2008年）
舞台の「勝造さんは日本そのものでした」というセリフを何度も仰っていました

僕も満州奉天（瀋陽）で幼児期を過ごし、その後昭和二一年、両親・弟たちと一緒に博多港へ引き揚げてきました。当時の色んな思い出は決して忘れることは出来ません。それだけに残留婦人・孤児の話は身につまされるのです。

僕らの漫画家仲間も展示会、講演会などを世界中で広範にやりながら、「平和への希求、戦争への道を歩まない」と声明を発信し続けています。

今回の公演実施の実行委員会は、市民の自主的な集まりで立ち上がったそうですね。「平和を守り命をつなげていく」「二度と戦争は起こさない」「決して忘れてはならない歴史の事実」をつなげていこうとの想いから、約一年間一丸となって、この記念公演に取り組まれたと伺いました。あの時代を生きた者として心からありがとうと言いたいです。

そしてこれからもゆっくりでいいですから演じ続けてください。共に歩んでいきましょう！

チラシのイラストは舞台を観た後に直ぐに描いたものです。この絵が全国はもとより中国公演でも多くの方の目に留まっているとの事、嬉しい限りです！

二十周年、一九一回目おめでとうございます。

二〇一六年一〇月

特別に寄せていただいた「おばあさん」のイラスト　©ちばてつや

城戸久枝氏　ノンフィクション作家

厚労省の外郭団体のフェスティバルでご一緒したご縁ですっかり親しくさせていただき、残留婦人を紹介するイベントにも共演。『おばあさん』にも足を運んでいただき、いつも感謝！です。

父上が残留孤児でいらしたこともあり、彼女のその後の作品にもとても興味があります。城戸さんにも『おばあさん』二十周年記念に寄稿いただいた文があり、以下に掲載します。

城戸久枝氏と。2015年8月、「中国帰国者　戦後70周年記念講演会」終了後

二十周年記念に寄せて

戦争を知らない若い世代にも伝わる芝居

城戸久枝

たったひとりで広い舞台をいっぱいにつかって、神田さち子さんは日中の狭間を生きた中国残留婦人の半生を演じ続けている。

初めてその姿を目にしたとき、小柄な体からあふれ出る迫力に圧倒された。

彼女の言葉は、時に力強く、ときにやさしく、わたしの心を揺さぶった。

二十年間、ひとつの役を演じ続けるというのは、決して簡単なことではない。

彼女はこれまでどれだけの人に「あの戦争の記憶」を届けてきただろう。

きっと、戦争体験者だけでなく、戦争を知らない若い世代にもその思いは伝わっているはずだ。

そしてこれからも、彼女は着実に時を刻んでいくにちがいない。

その姿をわたしはこれからもずっと見ていきたいと思う。

二十周年、本当におめでとうございます！

城戸久枝さんの主な作品

「あの戦争から遠く離れて　私につながる歴史をたどる旅」（第三九回大宅壮一ノンフィクション賞受賞　新潮文庫）
「祖国の選択　あの戦争の果て、日本と中国の狭間で」（新潮文庫）
「黒島の女たち　特攻隊を語り継ぐこと」（文藝春秋）
「じいじが迷子になっちゃった　あなたへと続く家族と戦争の物語」（偕成社）

ほか多数

石金耀氏
「残留孤児養父母連絡協議会」事務局長

二度にわたるハルピン公演など、本当にお骨折りをいただき、お陰で初公演は大成功。当時は残留孤児、養父母連絡会の事務局で先頭を切って奔走なさっていました。お忙しい中、ご尽力いただき、ありがとうございました！

★二〇一四年一月二一日付朝日新聞「ひと」欄にて、「中国の日本人残留孤児の支援を続け、来日する」として紹介されました。

2014年(平成26年)1月21日　火曜日　14版　2

ひと

中国の日本人残留孤児の支援を続け、来日する

石《シー》　金楷《チンカイ》さん(56)

終戦の混乱で中国に残された日本人残留孤児の支援を中国東北地方で続けてきた。21日、残留孤児であり、病気治療で日本に永住帰国する妻(73)に付き添い、故郷の黒竜江省ハルビン市を離れる。

生まれた時、自宅には靴の修理工だった両親が引き取った残留孤児の義兄がいた。1986年、義兄の身元が判明して日本へ帰国したのを契機に、孤児や養父母に会いに来る日本人訪中団との連絡役を務めるようになった。

黒竜江省は孤児の数が中国で最多。孤児認定の申請者に必要な手続きを教える一方、養父母宅を訪ね、帰国した孤児に近影を送ってきた。知り合った孤児は帰国者を含めて100人を超え、写真や形見の品を集めた中国初の常設展を一昨年、地元博物館で実現した。

友人らの評は「情に厚い」「まじめ」「不器用」。勤務先の国有企業からリストラされ、博物館から給与を受けるまでのここ8年間は無職で、蓄えを食いつぶした。「金がなく、周囲には胃痛を装い、ずっと昼食を抜いていた」

日本の生活になじめぬ孤児の苦悩、残された養父母の孤独、証拠不足で孤児認定されない申請者の無念さ——。今も続く戦争の悲劇を見てきた。「今後は日本に帰国した孤児を訪ねて資料や証言を増やし、戦後の交流史を伝えたい」

亡き母が臨終で語った「日中友好」が活動を支える原動力だ。

文・写真　石田耕一郎

朝日新聞「ひと」欄にて紹介された石金耀氏
(2014年1月21日付朝刊より転載)

王小燕氏　中国国際放送局

中国北京外国語大学公演の時、公演終了後に取材インタビューを受け意気投合しました。彼女は日本留学などしていた関係で地方の民話などにとても大変興味がありました。

中国の海外向け月刊誌『人民中国』二〇一二年一〇月号に、この北京公演の様子を素晴らしいレポートにまとめていただきました。本当にありがとうございました！

小寺松雄氏　当時北京駐在記者

取材のご縁で知り合い、その後北京公演など本当に奔走いただきました。帰国後も何かとイベントなどで長期間にわたり交流をいただいています。いつも本当にありがとうございます！

この度は二〇一二年の北京公演を振り返って、

一人芝居通じ「戦争の歴史を語り継ぎたい」

俳優・神田さち子さんの舞台にかける思い

中国国際放送局・王小燕＝文・写真

戦犯婦人の壮絶な半生

自分が孤児だったかも

「命に勝る味方もない」

「人民中国」　王小燕氏記事（2012年10月号）

特別に文をお寄せいただきましたので掲載します。

特別寄稿文

二〇一二年北京公演前後のこと

小寺松雄（当時北京駐在）

★メディアの北京駐在記者としての本業を務めながら、神田さんの公演の裏方をする三年前の日本での神田さんとの出会いのときには思ってもみないことでした。二〇一〇年、六十歳を超えているのに二度目の北京特派員を命じられ、その二年後に神田さんの北京公演が実現することになりました。

私と中国との縁は大学入学の一九六六年から。中国のこと、満蒙開拓、残留孤児のことはそれなりに知ってはいましたが、「残留婦人を描く一人芝居のお手伝いをする」ことになるとは……。しかし引き受けたからにはみっともないことはできません。

王小燕氏（左）、小寺記者（右から2人目）と
2011年、北京にて

★二日間公演で一日は首都劇場。これは劇場幹部の好意で比較的スムーズにことが運びました。もう一日は大学で。選択肢は清華大か北京外大です。人脈をたどり、当局との折衝、会場確認。最終的結論は「北京外大」でした。やはり日本語を学んでいる学生に一人でも多く見てもらいたいというのが決め手になりました。日本語学科の女性たちの協力で、チラシ印刷、いくつかの大学でのポスター掲示でも奮闘しました。

ただ外大の講堂は千人規模。こちらの現実的目標は二百。当日朝から座席の後半分程度を、ビニールテープで立ち入り禁止にして、かっこうをつけました。

観客は外大関係者三分の一を含めて中国、日本人半々というところでしょうか。私の知り合いの中国の男子小学生が「よかったよ。内容もわかった」と言ってくれたのはうれしいことでした。

★スタッフ打ち上げ会には十六人が集まりました。北京の日本人グループ、北京外大日本語科の女性三人、北京戯劇学院生三人など。うち日本人二人を紹介しましょう。

渡辺元春さん＝北京日本人集団のリーダー的な人。当時六十代。日本では劇団員だったこともあり、みんなの助言役。ひょうひょうとして、「余生を北京で楽しむ」風情あり。ただこのころから体調をこわされ、戻った日本で亡くなられました。お世話になりました。

黒木真二君＝一九八三年生まれ、阪大外国語学部中国語学科から北京戯劇学院に留学。『帰ってきたおばあさん』では大車輪で中国語字幕を担当してくれました。

一四年から拠点を日本に移して俳優として活動。一六年NHK『夏目漱石の妻』では鈴木三重吉役、一八年NHK『どこにもない国』では、中国にいた日本人の終戦後の帰国を助けた中国人役で、達者な中国語を披露してくれました。日中の懸け橋となる役者です。請う注目・応援。

二〇一二年の北京。本業はややおろそかになったかもしれませんが、公演成功へ向けての濃密な日々が昨日のことのように蘇ります。

久永健志氏　西日本新聞記者

北京に駐在されていた二〇一二年、やはり北京外大公演を取材していただきましたが、当時地元福岡で肉親らがその記事を読んでどんなに喜んだことか……

久永さんにも北京での公演について文をお寄せいただきました。西日本新聞の記事と併せて掲載させていただきます。

記事　**西日本新聞**　二〇一二年五月二〇日付

【北京・久永健志】中国残留婦人の半生を描く一人芝居が一九日、北京の大学で上演された。

演じたのは、自身も戦後の混乱の中、旧満州（現中国東北部）から引き揚げた舞台女優、神田さち子さん（68）＝福岡県朝倉市出身。家族を引き裂く戦争の悲劇が繰り返されないことを願って熱演する神田さんに、温かい拍手が送られた。

神田さんの舞台『帰ってきたおばあさん』は、夫とともに旧満州に渡った九州出身女性の実話を基にした物語。敗戦後の逃避行の中、やむなくわが子を殺し、夫とも離別。残留婦人として苦難の道を歩む――というドラマを一人八役で演じきる。

舞台化のきっかけは一九九六年、肉親捜しのため日本に一時帰国した一人の残留婦人との出会いだった。

「日本という国にもう何も言うことはありません。でも、私たちのような者がまだ中国にたくさんいるということを忘れないでください」――。腰が曲がり、顔に深いしわが刻まれたおばあさんと、母親の姿が重なった。

神田さんは中国撫順生まれ。二歳五カ月で引き揚げた。一歩間違えば母は残留婦人、自分も残留孤児になっていたかもしれない。「忘れてはいけない。そのためには、伝えなければ」。そんな思いが神田さんを駆り立て、九六年からの上演回数は約百八十回に上る。

中国公演は三度目で、二〇日まで。日中国交正常化四十周年を記念した今回の公演を一番楽しみにしていたのは、母トキノさん（94）だった。体調を崩して故郷・朝倉で入院している母を思いながら舞台に立った。「日本でも、中国でも、体力の続く限り演じ続けたい」と決意を新たにしていた。

特別寄稿文

久永健志（西日本新聞記者）

この小柄なおばちゃんのどこにそんな力があるんだろう――。二〇一二年五月、私が駐在していた中国・北京で当時六十八歳の神田さち子さんにお会いして最初に感じたのは、こんなちょっとした驚きだった。

「福岡出身の女優さんがこんど北京で公演するので、西日本新聞での取り上げてもらえないだろうか」。声を掛けてくれたのは、北京駐在の顔なじみの記者。私の所属する新聞社の本社が福岡にあるという縁での紹介だった。

しかし、文化・芸能になじみのない私にとって、「舞台」について書くというのはなかなか荷が重い仕事。加えて当時の私は、神田さんの名前すら知らない。とりあえず本人に会って、舞台を見て、記事にできるかどうか考えよう…。こんな気持ちで公演会場に足を運んだ。

ひとり芝居『帰ってきたおばあさん』。神田さんが約九十分にわたって一人で演じる中国残留婦人の物語に、やがて私は引き込まれた。彼女の小さな体からは想像できないほど大きな「存在感」「伝える力」を感じた。

一二年は日中国交正常化四〇周年という祝賀すべき節目でありながら、沖縄県・尖閣諸島をめぐる争いなどで両国関係が深刻化していった時期だった。こういう時だからこそ、歴史の悲劇に思いをはせてほしい――。神田さんから思いを受け取り、「伝える力」を信じて記事を書いたことを覚えている。

王乃真氏　北京電影学院教授／映画監督

小寺記者の紹介で知り合い、その後は残留婦人をテーマにしたドキュメンタリー映画の制作や、安徽省合肥公演等で大変なご尽力をいただきました。

安徽省での公演については第三章で触れましたので、ここではドキュメンタリー映画『戦後中国残留婦人考　問縁・愛縁』について少しご紹介します。

王先生が「残留婦人とはなにか」を追い求めて、二〇一二年一〇月から二〇一九年四月までの六年半の年月をかけて日中両国に住まわれる八名の残留婦人たちを取材した二千五百時間もの元テープを、百三十五分に編集して仕上げた渾身の作品。北京電影学院に学ぶ日本人留学生、小林千恵さんが各地の残留婦人を訪問、取材する形を取っていますが、私の舞台『帰ってきたおばあさん』が伏線として敷かれ、さらに時に私も小林さんの取材に同行して、「残留婦人～女優・神田さち子～日本人留学生・小林千恵」という三世代にわたる三つのストーリーラインにより展開するという構成です。

王乃真先生、小林千恵氏と
2014年、南京にて

完成を心待ちにしていた作品ですが、日本では二〇一九年五月に初めて試写会が行われ、私も観てきました。「残留婦人」という本来は重いテーマのはずが、とてもヒューマンな余韻が強く残る作品で、二時間以上ものドキュメンタリーがあっという間という印象でした。資金難が目下の課題とのこと、是非課題をクリアして多くの方々に観ていただきたい傑作と思います。

監督からのメッセージ　ドキュメンタリー映画『戦後中国残留婦人考』公式サイトより

戦争は如何なる理由にせよ、是か非か勝ち負けに関わらず、道徳行為の規範、社会秩序を著しく破壊し、国と国とを敵にしてしまいます。誰もが相手の気持ちに立つことを忘れ、自分の事だけを考えるというスパイラルに陥り、老若男女全ての人が自分の運命を把握することすらできなくなります。中でも女性たちへの被害は最たるものであるかもしれません。しかし歴史はそんな女性たちを符号として分類し、区別してきました。私は戦争が中国（旧満州）にやってきた日本女性にもたらした運命と悲しみをこのドキュメンタリーを通して表現したいと考えています。

長く深い憎しみは憎しみでは解決することはできません。歴史を正視し、その歴史に学ぶ。人類の負の遺産を正の遺産に変えて伝えていく。これが今の時代に生きる者の責任だと考えています。私はカメラを通して、日中の特殊な時代背景（一九三一－一九四五）の下生まれた特殊な人々を客観的に記録してきました。
戦後の混乱の中、中国人の夫と結婚し、家族四代にわたる血縁関係を築いてきた彼女たちの特殊な運命——ここには人間が持つ善と悪、愛と憎しみという私が長年考えてきたテーマがありました。戦後中国に残留せざるを得なくなった日本人女性の真実の状態を記録することで、戦争によって生み出された人間悲劇を振り返り、真実の映像によって今を生きる若者や未来を担う人々に平和の大切さを伝えようと思います。

人間の本能にある天使と悪魔、それは善と悪であり、それが戦争や平和へとつながっていくのです。「中国残留婦人」と呼ばれた人々は「加害者」と「被害者」という二つの身分を背負うことになりました。長い生存の軌跡にはどうしても避けて通れない悲しみと喜びがあったのです……。

王乃真 Wang Naizhen

王乃真監督作品
『戦後中国残留婦人考　問縁・愛縁』

山田火砂子監督

監督は私のひと周り上の八十七歳。干支も中年。なんだかそれだけでご縁を感じるから不思議ですね。

『望郷の鐘』の制作時に、全く面識がない監督より出演のオファーが入りビックリ。撮影現場が初対面でした。舞台はやっていても映画はこれが初めての経験。「ヨーイ、スタート！」と本番前のキリッっとしたひと声ですっかり映像人間に引きずり込まれますから、監督はやはり凄い!!

映画の世界に迎えていただいた監督に、感謝！

映画「母―小林多喜二の母の物語」2016年
主演・寺島しのぶ

映画「望郷の鐘」2014年
主演・内藤剛志

（P143～144のポスターはいずれも「現代ぷろだくしょん」提供）

山田火砂子監督よりコメント

神田さんには私の執念の集大作『望郷の鐘』『母～小林多喜二の母の物語』『一粒の麦』と三作に出演いただきました。

残留孤児の帰国に奔走した山本慈照先生を描いた『望郷の鐘』には撮影場所の阿智村へ。ここからたくさんの開拓団員が満州へ向かったので、神田さんも感慨深く廃校跡地での撮影に参加。待ち時間に色々話せるのが唯一の気分転換になりましたよ。

映画公開時の舞台あいさつでは、奈良～福岡と足を運んでいただきました。感謝しています。

山田火砂子監督と

映画「一粒の麦」2019年
主演・若村麻由美、山本耕史

栃原広幸氏　自営業／ライター

二〇〇六年の博品館劇場での公演を観劇いただいて以来、「困った時のなんとやら」よろしく、「神田青年団」（観劇後の応援団兼飲み友）の一員としてなにかと支援いただいています。

栃原さんの知人が草加で運営している中国サークル「愛中国会」の催しで二〇一八年六月に講演を行った際、サークルの会報向けに栃原さんが寄稿した感想文を掲載します。

神田さち子さんの講演『舞台を演じ続ける理由《わけ》』を聴講して
――二〇一八年六月二四日　草加市中央公民館における講演会――

栃原広幸

演者の神田さち子さんとは二〇〇六年の夏、銀座・博品館劇場での公演『帰ってきたおばあさん』を通して始めてお会いしました。以来十年以上も行き来があり、また『おばあさん』もずっと観続けてきたわけですが、神田さんが「なぜこのお芝居を演じ続けるのか」について、二時間近くに亙ってみっちりお話をお伺いするのはもちろん初めてのこと。作品の背景にどんな人との出会いがあったのか、どんな出来事があったのか、大変勉強になったのはもちろんですが、少々大げさな言い方をすると、過去の歴史に対するわれわれの義務、責任感みたいなものもかなり明確に見えてきた気がしました。

「なぜ演じ続けるのか」について、ちょっと乱暴ですがひと言でまとめてしまうと、このままでは風化してしまう歴史上のつらい事実が眼前にあって、それをなんとかしたい。そうした強い信念が先ずあるからなのだと思います。原動力になっているのは先ず「忘れられた人びと」、つまり歴史から取り残された人たち(「残留婦人」と称しています)との出会いであり、彼女たちが訥々と語った、しかし重たすぎるくらい重い言葉でしょう。

「自分たちにはなにもほしいものはありません。でもこういう人たち、悲惨な歴史が過去にあったということを、決して忘れないでいてほしい」という残留婦人の言葉。

戦後の混乱期になぜ敵国である日本人の孤児を引き取って育てたのか?と聞かれて答えた「生命(いのち)に敵も味方もありません」という中国人養父母さんの言葉。

あるいは漠然と、「戦争だけはやっちゃいかん」という至極あたりまえの、でも然るべき人が語ると凄みのある言葉。

こうした言葉の重みをひとりでも多くの人たちに伝えるためになにができるか、その結果が一九九六年以来二百回近くも演じ続けてこられた原動力の底にあるのだと思います。

先に「忘れられた人びと」と書きましたが、これは『帰ってきたおばあさん』の原作である良永勢伊子さんの著書のタイトルでもあります。そして世界的に右傾化かつ内向き志向(××ファーストの類)が蔓延する世界情勢の中でこの言葉を聞くと、さまざまなことが共鳴し合うように感じます。

あれだけ暴言と暴挙にみちた言動を繰り返してもトランプ政権はなぜ支持され続けるか。そこにあるのが「忘れられた人びと」、つまり所謂「ラストベルト（かつては鉄鋼で栄えたがいまはさびれた街）」の白人低所得層の圧倒的な支持でしょう。彼らは都市部の中間層（以上）ばかり気にするオバマやクリントンからは一切顧みられることがなかった。

さらに、カンヌ国際映画祭でパルムドール賞を受賞してますます脚光を浴びている是枝裕和監督が一貫して描き続けているのは、世間の片隅でほそぼそと、しかしどこか健気に生きている「忘れられた人びと」です。是枝監督がなぜ、どこにでもいそうな、でも普段あまり表に出ることがない人たちばかりに光を当て続けるのか、そのことと神田さん演じ続けられるモチベーションはどこか似ているような気がします。

栃原広幸さん（右から3人目）と
2006年8月、博品館劇場公演後の打ち上げにて、
後の「神田青年団」の面々と一緒に

神田さんは中国を訪れた際、現地で出会ったある駐在員の奥さんが残留婦人についてなにも知らないことにとても驚いた、という話をされました。では一体、この歴史の片隅に埋

もれかかっている「残留婦人」という存在を、われわれ日本人はどこかで勉強する機会があったのかどうか。本来であれば日本史か、もしくは世界史ででも取り上げられて然るべきテーマである筈なのが、文科省の指導ではなぜか現代史について、特に戦中〜戦後に起こったことについて、とても冷たくあしらわれる。結果として、国を出てから始めて、しかも現地の人たちから指摘されて返答に困ったり、時に赤面したりすることとなる。いわゆる「歴史認識問題」の根源はここにあるのではないでしょうか。

従軍慰安婦のこと、南京では一体なにがあったのか、七三一部隊はなにをしたのか……等々、そういうことにまで考えさえられることとなったとても濃密な二時間でした。

知覧特攻平和会館

一　歌子先生とピアノ

二〇〇七年秋、カンボジアに続けて、知覧の旅も酒井広先生（元NHKアナウンサー）とご一緒しました。

実はこの地を訪問するのは二度目です。どうしても佐賀県鳥栖市（当時は鳥栖町）で小学校の先生をなさっていた上野歌子先生のお話にあった〝あのピアノ〟をこの目で見たかった……。

そう、あのピアノとは――少しかいつまんで説明しますと、戦局の激しくなる昭和二〇年、召集地知覧へ向かう前に一度だけ思いっきりピアノを弾きたいと地元の小学校へ駆け込んできた二人の若き特攻隊員がいたのです。一人は芸大生で、彼の友が、

「このひとは一度もピアノを触れられず、コンサートもやったことがないまま、明日知覧へと発つのです。どうか生きている今、一度だけピアノを弾かせて下さいませんか」

こう懇願しました。

すると歌子先生は「教頭先生に聞いてきます」といったん席を立ちますが、戻ってくると、

「どうぞお弾きください！」。

静かに体育館に響きます……あの「月光」が。
ベートーベンのピアノ・ソナタ「月光」の調べが。
そして狂おしい第二楽章。
歌子先生は涙を流していました。

弾き終わると、二人は心からお礼を述べ、走って隊へ戻られたそうです。
真っ白なマフラーは風になびいて、遠く、小さくなっていきました。
——どうかご無事で……そう祈り続けた歌子先生。

この時のピアノはいま、知覧特攻平和会館の入り口に展示されています。
そしてこのエピソードは後に『月光の夏』という映画にもなりました。

二　語り継ぐ思いもあらたに

「特攻」とは、第二次世界大戦末期の沖縄戦において、沖縄をアメリカから守るために行った人類史上類のない作戦です。通常は片道分の燃料のみを積んで飛び立ち、最後は飛行機もろとも敵艦に体当たり攻撃するという決死隊が「特攻隊」です。
沖縄戦でよく見る写真に『出撃前　仔犬と遊ぶ特攻隊の若桜』というのがあります。訓練の合間に紛れ込んで来た仔犬か、はたまた隊で飼っていたものなのか……ともかく、どの顔も邪気ない笑顔です。これが出撃前の彼らの本当の姿なのでしょうか。

会館まで緩やかな坂を上ります。両脇には全国から寄せられた灯篭が私たち訪問者を迎えてくれます。このあたりから私の歩みは重く止まりがちに。

館内に入ると、特攻隊員の遺影、遺品、記録などが所狭しと展示されています。隊員たちの絶筆である便りを読んでいると、その字が涙でかすんでしまい、読み続けられなくなりました。

「父上様　母上様、今日まで育てていただき本当にありがとうございました。妹よ、どうか私の分まで父上・母上をよろしく頼みます。開聞岳よ、雄姿を見守っておくれ……」

松林の中に三角兵舎が見えます。隊員の宿舎でもあるここで、出撃前夜は酒を酌み交わしたのです。

「今生の別れの盃」を交わし合いながら、翌日散華した若き命。

当日は知覧高等女子校生の「なでしこ隊」が見送ったといいます。

酒井先生はここでも、カンボジアの時と同じ話をされました。

「兄が特攻隊員としてマニラで戦死。その後届いた紙切れと石ころだけの遺骨箱。人の命ってこんなものか……とね。特攻隊の基地があった知覧を訪問して、追い詰められた人間の、若者の叫びが聞こえてきました。死にたくなかったでしょうね……」

私もただ深くうなづきながら、帰路の灯篭に「御霊《みたま》よ、安らかなれ」と合掌するのみ。

そして再度、語り継ぐ決心を深めたのです。

無言館

二〇〇七年の晩秋、長野県上田市に位置する「無言館」をようやく訪問してまいりました。

かねてからどうしても行きたいところ、いや、「行かなければならない」と決めた場所です。

万感の思いを抱いて晩秋の夕暮れ、小高い丘へ歩んでいくと、銀色に映えた鉄筋の建物が前方に現れてきます。うす暗い館内に足を踏み入れると、外気とはまるで違う重くひんやりとした空間のあちこちから、〝命の叫び〟が聞こえてくるかのよう……

館主の窪島誠一郎氏は一九七九年、夭折した画家たちの素描を展示する「信濃デッサン館」を創設。その後一九九七年には隣接するこの地に、戦没画学生慰霊美術館「無言館」を開設しました。

元より、ここに至るまでの道のりはなみ大抵でのことではありませんでした。画家の野見山暁治さんとの出会いが窪島さんの心を突き動かしたそうです。

――ほっておけば彼らの絵はこの世から消え去ってしまう。

財力もなにもない窪島さんでしたが、「たとえ絵描きは死んでも、作品は残る。そうだ、彼らはこれからも生きて続けていくのだ」そう思い至ったのだと。

その後、野見山画伯と絵を求めて全国を廻りました。かけがえのない遺品である作品を見て泣き崩れる遺族を前に、どれだけ苛まされたことでしょう。

描かれているのは、愛する恋人やかけがえのない家族、そして育んだ故郷の風景。遺族にとっては忘れ形見の一幅の絵。画学生にしてみれば精一杯の生きた証。そして今生での集大成。志半ばの絵からは「もっと描きたい」という叫びが聞こえてくるたのです。家族は元より、そう簡単には手放してはくれませんでした。ですがその後、窪島さんたちの熱意が伝わり、無言館の開館へと運んだのです。

ひんやりした館内では、婚約者を残して戦地へ行かねばならない若者が切なる声で訴えます。

――もう少し、もう少し時間が欲しい。絵筆を握っていたい。君を描き続けたい。優しいタッチがこう訴えてきます。

自分の足音しか聞こえない静謐さの中、いつしか私は抑えきれない怒りが込み上げてくるのを感じました。

なぜ、こんなにもささやかな幸せを、なぜ奪ったのか！　彼らの夢をなぜ断ち切ったのか！

あなたを知らない

「無言館」館主　窪島誠一郎

遠い見知らぬ異国で死んだ　画学生よ
私はあなたを知らない
知っているのは　あなたが遺したたった一枚の絵だ

あなたの絵は　朱い血の色に染まっているが
それは人の身体を流れる血ではなく
あなたが別れた祖国の　あのふるさとの夕灼け色
あなたの胸をそめている　父や母の愛の色だ

どうか恨まないでほしい
どうか咽かないでほしい
愚かな私たちが

あなたがあれほど私たちに告げたかった言葉に
今ようやく　五十年も経ってたどりついたことを

どうか許してほしい
五十年を生きた私たちのだれもが

これまで一度として
あなたの絵のせつない叫びに耳を傾けなかったことを

遠い見知らぬ異国で死んだ　画学生よ
私はあなたを知らない
知っているのは　あなたが遺したたった一枚の絵だ
その絵に刻まれた
かけがえのないあなたの生命の時間だけだ

満蒙開拓平和記念館

一　南信州の奥地に

二〇一三年五月、中央高速をひた走りのバスの中。私は長野県飯田市阿智村に建立された「満蒙開拓平和記念館」の視察に向かっていました。

設立準備事務局長（現在は館長）の寺沢秀文さんの父親は、

「中国の農民の大切な土地を奪い申し訳ない。こんなことを繰り返してはいけない」

そう言いながら九十一歳で亡くなられたそうです。この言葉が胸に残り「いつの日かこの地に満州移民の歴史と平和の大切さを伝える記念館設立を」と誓い、構想すること六年。

まず資金集めに奔走。地域の日中友好協会会員達と共に全国二千通の呼びかけ文を送りました。

建設地は、中国残留邦人の帰国にご尽力なさった僧侶＆元教師、山本慈照《じしょう》さんの出身地でもある阿智村から無償で土地を貸与していただいたそうです。

「残留孤児の父」とも言われた山本慈昭さんについては、戦後七一年平和記念映画『望郷の鐘』（山田火砂子監督）の中で、内藤剛志さんが主演して慈昭さん役を扮したことでも知られています。第四章でもご紹介しましたとおり、私も脇役で出演させていただいただき、撮影前には慈昭さんのお寺「長久寺」にも足を運びました。残留邦人の碑がそう広くない境内に凛として建っていました。


当時、国策として進められていた「満蒙開拓」のために、開拓団として日本全国から二十七万人が参加して移住、そのうち長野県が全国最多の三万三千人を送り出しました。うち四分の一は阿智村を抱える飯田市下伊那地方の住民だったのです。

また、「開拓」と聞いていたはずが、満州に着いたらすでに家も畑もあり、そこが中国人のものだったことをはじめて知らされたとも言います。

さらに終戦後は、ソ連侵攻で八万人の犠牲者のほか多くの残留邦人を生み出しました。この悲惨な歴史を後世に残し、平和教育の拠点にするため二〇〇六年に設立を計画。そして民間主体の初の世界・アジアに向けた「平和・共生・友好の未来、創造への発信の拠点」として記念館が建立されました。

二　歴史と向き合うために

四四〇・三〇坪の敷地面積に建つ木造瓦葺きの平屋建てはまだ真新しく、入り口に立つと信州の空気と近くから運ばれる田畑の土の香りが感じられるようです。

展示室は戦前から戦後に至る満蒙開拓団の歴史をコーナーごとにテーマを設けて紹介

し、時系列にたどれるようになっていました。

私はここで初めて「召集令状」赤紙を見たのです。色あせてはいましたが……。これを手にした時の本人・ご家族の思いはいかばかりだったでしょう――「とうとうきたか」と。私はその場で足がすくんでしまいました。引き揚げ時の絵、戦地からの手紙なども展示され、ひとりひとりの歴史・記憶・思い出に向き合うようにできていました。間近でありありと、そしてゆっくりと対峙しました。静謐な刻が経ちました。

セミナールームでは「語り部」がいらしていろいろなお話が聞けました。当日は知り合いの中島多鶴さんのお話。

――逃避行にて。「湿地ばかりで腰までつかるような所で、足はもう履物もない。それでも必死で一週間くらい歩いて行ったら牡丹江があって、大きな川で幅が二百メートルくらいある。それを渡った向こう側はすごい原生林なの。人も住めない獣がいるような山だって兵隊が言うんだよ。この山を越えなければ向こうに出られないって。一難去ってまた一難だ……そうしとるうちにもう行けないって川に子供を捨てちゃう人が出てきた。もうどうしようもないもんで、子どもを、流したんです。私も七人くらい流れていくのを見たんだけど、止めてやることもできん。助けてやることもできない」(「満蒙開拓平和記念館図録」〝証言〟より一部転載)

なおも話は続きました。開拓団として家族で入植。戦後は残留婦人として中国の地に残り、帰国なさるまでの苦悩の歩みをこんな風にお話しくださいました。いつしか多鶴さんの後背に、満州の地に沈む真っ赤な夕日が当たっているように見えてきました。柔和な笑顔で淡々と話されるがゆえに、背負ってこられたものの重さを投げかけられているような気持になります。帰国後はいち早く、残留婦人捜索、帰国手伝い、その後の生活設計のアドバイスに取り組まれ、多鶴さんの献身的なお働きは故郷の地で命果てるまでずっと続いたのです。

記念館では「観る、聞く、読む、触れる、参加する」のキャッチフレーズよろしく、短時間で満州の歴史を学べました。ここは修学旅行生らも見学コースにもなっています。ぜひ全国から見学に来て見て感じて欲しいと思いました。

その日の夜は同室のみなさんと談林風発。「阿智村の夜」は昼間見学した記念館での戦争・平和、そして語り継ぐことの大切さで、明々といつまでも語る友の熱気で更けるのを忘れていたようです。

〈追記〉二〇一六年一一月には、当時の天皇、皇后両陛下（今の上皇ご夫妻）もこの記念館を訪問されました。天皇陛下はこう言われたといいます。

「こういう歴史があったことを、経験がない人たちに伝えることが大切だと思います。そういうことを経て今の日本が作られたわけですから」

寺沢館長は「両陛下は、多くの国民に満蒙開拓の閉ざされた歴史に向き合ってほしいと願って来館されたのではないでしょうか」と当時を振り返っています。（二〇一九年五月九日付、朝日新聞夕刊より）

綿毛はどこまでも

二〇〇二年に初訪中以来中国では九回公演をしてきました。それは贖罪と出会いの長い「旅公演」でもありました。

ソ連国境近くのジャムスから始まりハルビン、長春、大連、北京、そして南の安徽省合肥と、広大な中国のほんの一部ですが、思えばあちこちを廻ったものです。

一つの公演の準備から無事終了までに、どれだけたくさんの人たちと出会い、また支えられてきたことでしょう。一公演を終えるたび、中国の主催者・関係者・ボランティアの方々はもちろん、スタッフも含めてみなで抱き合って喜び合ったものです。

嫌悪な関係になるのは政治だけで十分。まあ本来はこれもあってほしくないことではありますが、どの公演でも惜しみない拍手を下さり、「再び中国で公演を」とあちこちで声をかけていただきました。

気がつけば二十三年間、百九十七回を、ただ一筋に『帰ってきたおばあさん』のみを演じてきました。

「ほかにやることはなかったのか」と演劇仲間から不思議がられます。

自分でもなぜかしら？と自問することもありました。でも答えは簡単です。「忘れないでください！」というあの残留婦人の一言が私を引き留めるのです。

――ええ、決して忘れませんよ！

思えば親たちが「もう、よか！（嫌だ！）」と言い続けたあの忌まわしい戦争の事実を、子である私たち世代はきちんと受け止めて、次世代へ手渡す責任があると思います。命を産み、育んだ母親なら、この命の輝きの大切さは誰よりも実感できるはずです。その大切さを子どもたちに語り伝えるのに、これほど優しく、これほど説得力のある〝命の繋ぎかた〟はないはずです。

前作『心のはらっぱ』で、私という語り人はタンポポの綿毛のようだと記しました。その綿毛はこれからもどこへでも飛んでいきます。「どっこいしょ」と腰を上げながらですが。

あとがき

四十五年間の語り〜舞台人生を振り返りました。

お母さんの語り部の頃は必死で時間と闘いながらぬくもりが伝わる肉声でお話を……と訴えてきました。

その後の舞台人生では数えきれない珠玉の出会いがありました。

とりわけ戦争で人生を狂わされた方々との出会いは、後の私の舞台への思いを更に深め、同時に「今こそ書き残しておかないと」という衝動をもかきたてたのでした。

思い出されることがひとつ——二〇一四年七月、南京大虐殺記念館での見学から憔悴して出てきた私たちに市民が声をかけてくれました。
「な〜に、もう過去の事さ。市民はなんとも思ってないよ。記念館の事実に怒ってもめごとを起こしたら、それがまた戦争につながるじゃないか。そんなこと市民は願ってもいないし二度とごめんだよ、戦争はこりごりだ……これからもどんどん南京へ来てほしいな。僕も清潔で美しくて、それに真面目な人が多い日本に一度行ってみたい。夢なんだ」

「日中友好で国際交流を！」なんて声高に叫ばなくていい。出会った市民が助け合い、喜び合い、手をつなぎ合えば、そこに小さな「草の根交流」が生まれてくるはずです。振り返ってみると、中国で出会ったみなさんは、本当にどなたも親日的でした。日本で酪農を学びたい、日本の書（かな文字）を勉強したいなど、キラキラとした目で夢を語り、みな意欲的でした。

中国に「樹高千丈　落葉帰根」ということわざがありますが、この稿を仕上げたいま、つくづくこの言葉をかみしめております。

これまで日本から海外、そして中国へと綿毛として飛んで網の目のように広がった「人との絆」を、いま揺るぎない根元へおろそうと思います。

最後になりましたがこの本の刊行にあたり、お忙しい中お言葉を寄せていただきました山田洋次監督、小寺松雄氏、久永健志氏、参考文献使用に快く応じて下さいましたみなさまに厚くお礼を申し上げます。とりわけ日本僑報社の段躍中氏、段景子氏ご夫妻、旧知の栃原広幸氏には大変お世話になりました。多くの方がたのお支えに心から感謝申し上げます。

令和元年　初夏

神田さち子

著者 **神田 さち子**（かんだ さちこ）

旧満州（現中国東北部）撫順生まれ。朝倉高校、西南学院大学卒業。

1996年よりライフワークとして取り組んでいるひとり芝居『帰ってきたおばあさん』（第55回文化庁芸術祭参加作品）を日本全国で公演するほか、中国のハルビン、大連、北京、合肥ほか各地で公演して好評を博し、現地メディアで多数掲載される。

アメリカ、イタリアでのジャパン・フェスティバルに参加。

映画『ユリイカ』『望郷の鐘～満蒙開拓団の落日』『母～小林多喜二の母の物語』『一粒の麦』に出演したほか、NHKラジオ『日曜訪問』、RKB毎日放送、FBS、テレQほか多数出演。

著書に、『奈良のむかし話』『奈良の伝説』（日本標準）『心のはらっぱ—語り愛つむぐ』（萌文社）、『あなたに伝えたくて』（悠朋社）がある。

1982年に「車いすの語り部」上埜英世氏との二人三脚により、文部大臣賞受賞。2017年に第2回「澄和Futurist（とわ・フューチャリスト）」賞、2018年に第2回「SEINAN Woman of the Year 2018」賞を受賞。

写真 **池田 精孝、犬塚 治男、一般財団法人 澄和**

イラスト **ちばてつや**

The Duan Press

忘れえぬ人たち —「残留婦人」との出会いから—

2019年9月20日　初版第1刷発行

著　者　　神田さち子（かんだ さちこ）

発行者　　段 景子

発売所　　日本僑報社

〒171-0021 東京都豊島区西池袋3-17-15

TEL03-5956-2808　FAX03-5956-2809

info@duan.jp

http://jp.duan.jp

中国研究書店 http://duan.jp

2019 Printed in Japan.　ISBN 978-4-86185-282-4　C0036

日本僑報社のおすすめ書籍

日中文化DNA解読
心理文化の深層構造の視点から
尚会鵬 著　谷中信一 訳
2600円＋税
ISBN 978-4-86185-225-1

中国人と日本人の違いとは何なのか？文化の根本から理解する日中の違い。

日本語と中国語の落し穴
用例で身につく「日中同字異義語100」
三井物産㈱ 初代中国総代表
久佐賀義光 著
1900円＋税
ISBN 978-4-86185-177-3

中国語学習者だけでなく一般の方にも漢字への理解が深まり話題も豊富に。

日本の「仕事の鬼」と中国の〈酒鬼〉
漢字を介してみる日本と中国の文化
冨田昌宏 編著
1800円＋税
ISBN 978-4-86185-165-0

ビジネスで、旅行で、宴会で、中国人もあっと言わせる漢字文化の知識を集中講義！

中国漢字を読み解く
～簡体字・ピンインもらくらく～
前田晃 著
1800円＋税
ISBN 978-4-86185-146-9

中国語初心者にとって頭の痛い簡体字をコンパクトにまとめた画期的な「ガイドブック」。

日本語と中国語の妖しい関係
～中国語を変えた日本の英知～
松浦喬二 著
1800円＋税
ISBN 978-4-86185-149-0

「中国語の単語のほとんどが日本製であることを知っていますか？」という問いかけがテーマ。

屠呦呦（トゥ・ユウユウ）
中国初の女性ノーベル賞受賞科学者
『屠呦呦伝』編集委員会 著
日中翻訳学院
町田 晶 監訳　西岡一人 訳
1800円＋税
ISBN 978-4-86185-218-3

画期的なマラリア新薬を生み出し、人類を救った女性研究者の物語。

春 草 道なき道を歩み続ける中国女性の半生記
裘山山 著　于暁飛 監修
徳田好美、隅田和行 訳
2300円＋税
ISBN 978-4-86185-181-0

《東京工科大学 陳淑梅教授推薦》中国でテレビドラマ化され反響を呼んだベストセラーの日本語版。

シェア経済・キャッシュレス社会・コンテンツ産業の拡大……
いま中国の真実は
三潴正道 監訳　而立会 訳
1900円＋税
ISBN 978-4-86185-260-2

「必読！いま中国が面白い」最新の中国事情がわかる人気シリーズ第12弾！

悩まない心をつくる人生講義
―タオイズムの教えを現代に活かす―
チーグアン・ジャオ 著
町田晶（日中翻訳学院）訳
1900円＋税
ISBN 978-4-86185-215-2

無駄に悩まず、流れに従って生きる老子の人生哲学を、現代人のため身近な例を用いて分かりやすく解説。

日本人論説委員が見つめ続けた
激動中国
中国人記者には書けない「14億人への提言」
加藤直人 著　〈日中対訳版〉
1900円＋税
ISBN 978-4-86185-234-3

中国特派員として活躍した著者が現地から発信、政治から社会問題まで鋭く迫る！

日本僑報社のおすすめ書籍

来た！見た！感じた!!
ナゾの国 おどろきの国
でも気になる国 日本
中国人気ブロガー招へい
プロジェクトチーム 編著
2400 円＋税
ISBN 978-4-86185-189-6

中国人ブロガー22人の「ありのまま」体験記。

若者が考える「日中の未来」Vol.5
中国における日本文化の流行
宮本雄二（元中国大使）監修
日本日中関係学会 編
3000 円＋税
ISBN 978-4-86185-271-8

Vol.4 **日中経済とシェアリングエコノミー**
Vol.3 **日中外交関係の改善における環境協力の役割**
Vol.2 **日中経済交流の次世代構想**
Vol.1 **日中間の多面的な相互理解を求めて**

第16回華人学術章受賞作品

中国東南地域の民俗誌的研究
—漢族の葬儀･死後祭祀と墓地—
何彬 著
9800 円＋税
ISBN 978-4-86185-157-5

華人学術賞の原稿を募集中です！

日中語学対照研究シリーズ
中日対照言語学概論
—その発想と表現—
高橋弥守彦 著
3600 円＋税
ISBN 978-4-86185-240-4

中日両言語の違いを知り、互いを理解するための一助となる言語学概論。

中国工業化の歴史
—化学の視点から—
峰毅 著
3600 円＋税
ISBN 978-4-86185-250-3

中国近代工業の発展を、日本との関係を踏まえて化学工業の視点から解き明かした歴史書。

対中外交の蹉跌
- 上海と日本人外交官 -
在上海日本国総領事 片山和之 著
3600 円＋税
ISBN 978-4-86185-241-1

現役上海総領事による、上海の日本人外交官の軌跡。近代日本の事例に学び、今後の日中関係を考える。

李徳全
——日中国交正常化の「黄金のクサビ」を打ち込んだ中国人女性
程麻・林振江 著
林光江・古市雅子 訳
1800 円＋税
ISBN 978-4-86185-242-8

戦犯とされた日本人を無事帰国。日中国交正常化18年前の知られざる秘話。

病院で困らないための日中英対訳
医学実用辞典
松本洋子 著
2500 円＋税
ISBN 978-4-86185-153-7

海外留学･出張時に安心、医療従事者必携！指さし会話集＆医学用語辞典。

日中中日翻訳必携・実戦編III
美しい中国語の手紙の書き方・訳し方
ロサンゼルス総領事 千葉明 著
1900 円＋税
ISBN 978-4-86185-249-7

日中翻訳学院の名物講師武吉先生が推薦する「実戦編」の第三弾！

日中中日翻訳必携・実戦編IV
こなれた訳文に仕上げるコツ
武吉次朗 著
1800 円＋税
ISBN 978-4-86185-259-6

「実戦編」の第四弾！「解説編」「例文編」「体験談」の三項目に分かれ「武吉塾」の授業内容を凝縮。

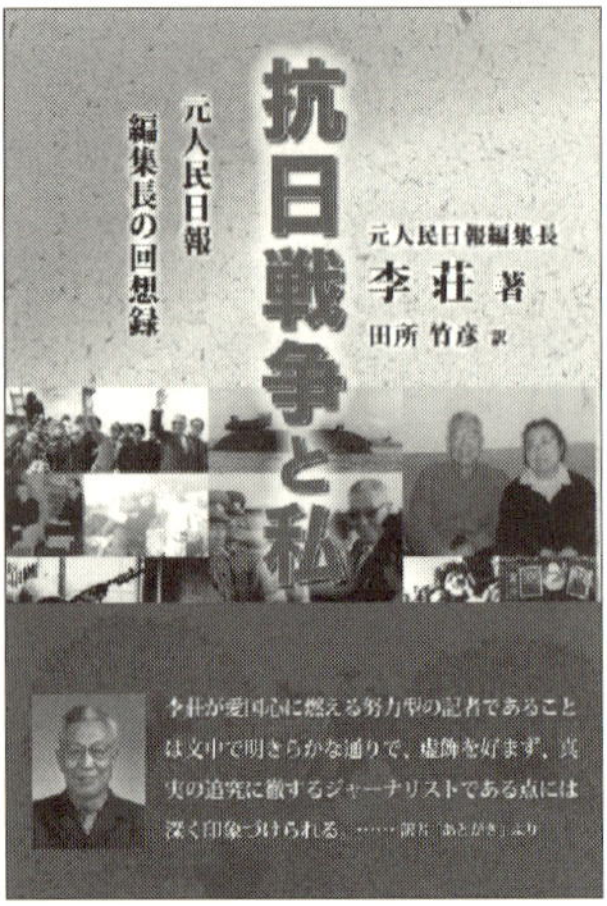

ISBN 978-4-86185-112-4
本体2800円＋税

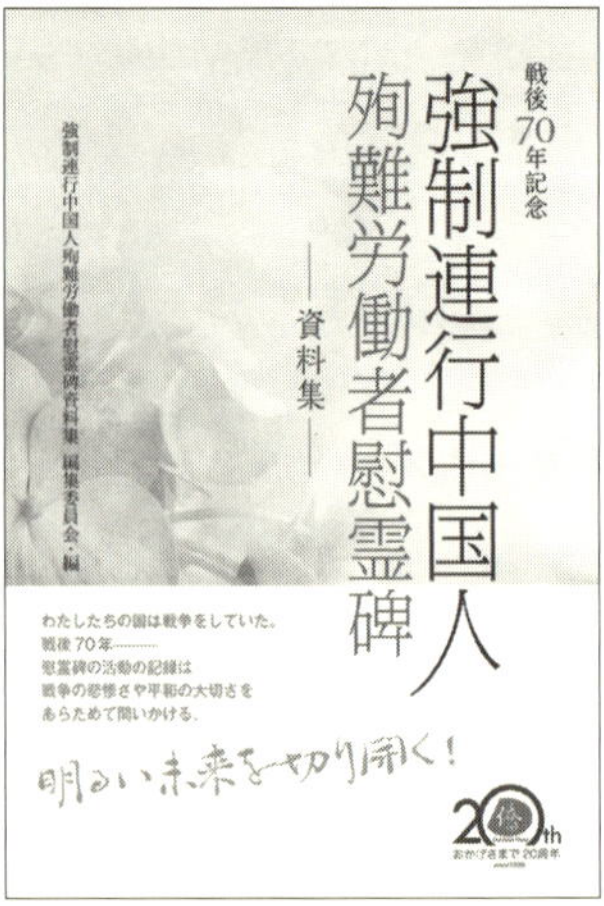

ISBN 978-4-86185-207-7
本体2800円＋税

ISBN 978-4-86185-044-8
本体2500円＋税

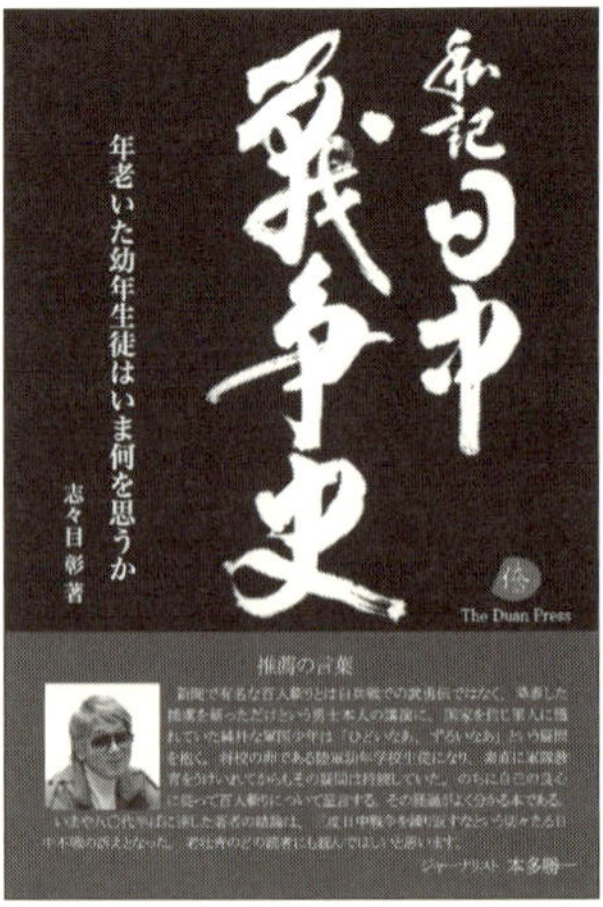

ISBN 978-4-86185-136-0
本体1900円＋税